U0141397

東京大學教授

西成活裕

——著

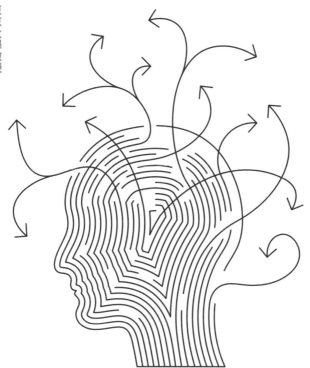

提升思考力的七大策略

# 思考習慣

楓書坊

當今的我們生活在一個萬事錯縱複雜的社會，人際關係、資訊、工作……皆是如此。

我的專長是研究「壅塞學」，我認為正是錯縱複雜的一切才造成各種壅塞問題。

**人的生活方式、工作方式及思維方式愈來愈多元化，我們到底應該向誰提供什麼，買賣才會成立呢？**

我們究竟應該活出什麼樣的人生才好呢？

我想，也許有許多人都在為此抱頭苦思。

這樣的苦思就像在一座沒有出口叫做「正確答案」的迷宮裡徘徊。

然而，**隨著世界愈來愈複雜，有的人為此不安以至於停滯不前，有的人則對此興奮不已，認為自己應當把握機會，並懷著雀躍的心情享受挑戰的過程。**

那你呢？你覺得自己是前者還是後者呢？

我曾致力解決各行各業的難題，包括：高速公路及機場的壅塞問題、前往沙烏地阿拉伯聖地的朝聖人流管理難題，也曾與因豐田式管理「改善法」聞名的山田日登志先生等人，一同改善工廠的作

業效率等。

這些工作經歷讓我明白一件事，那就是**「只要不放棄地思考，不論再困難的事都能克服」**。

「思考能力」正是生在任何時代都能活到最後的人最強大的優勢。

然而，並非人人都懂得善用「思考能力」，有的人能發揮得淋漓盡致，有的人卻完全不去使用。

懂得運用「思考能力」的人更容易獲得成功自是不言而喻。

我一直到考上東京大學以後，才開始意識到**「原來每個人運用思考能力的方式可以有這麼大的差異」**。

東京大學擁有來自日本各地的頂尖高材生，聰明絕頂的人不在少數，而我每天都深刻感受到自己的不足。

**「那個傢伙為什麼那麼聰明？」**

**「那些人總是在打牌，成績卻名列前茅，他們到底跟我有什麼不同？」**

當時的我一直在思考這些問題。

於是，我開始觀察那些頭腦特別聰明的大學生，仔細研究他們的一言一行。

我曾問他們：「你為什麼這麼厲害啊？」

**「想一下就知道了啊。」**

**「就算沒唸書複習也沒關係，只要想一下就知道了啊。」**

這是我最常聽到的回答。

那時的我心想：「騙人，我就是想破頭了還是不知道，所以才來問你啊……」

大部分的人應該都跟我一樣，搞不懂那些明明不怎麼用功，頭腦卻聰明絕頂的高材生的「思維模式」。

雖然搞不懂，但我並未因此放棄。我不甘心同樣身為人類卻有這麼大的差距，也不想就這樣認輸。

其實當初在考高中時，我並未考上任何一所國立高中或私立名校，落榜的現實讓我知道這世界多的是比我聰明的人，我也因此大受打擊，消沉不已。

這是我人生中第一次遇到這麼大的挫折，大受打擊的我將自己關在家裡，整整三天足不出戶。

但我這個人特別不服輸，不甘放棄的我在當地縣立高中發憤向學，最後終於考上了東京大學。

然而，就在我進入東京大學後，我便驚覺這裡全是將來可能成為超級精英並大放異彩的天才及高材生！所以，我又再次大受衝擊……

從「零錄取」的低谷爬起並考上東京大學，好不容易才找回的自信在一瞬間灰飛煙滅。

從那時起，我便養成一個習慣，我會去觀察並分析那些聰明學生具備哪些我缺乏的能力。

考上研究所後，我必須打工才能繳學費以及應付生活開銷，生活過得極為拮据。

**「今後的我必須拼盡全力，不然我就活不下去。」**

**「若要在社會上成功，我就必須變得更聰明。」**

那時的窮困使我焦慮不已。


求學期間，我從東大生常掛在嘴邊的這句**「想一想就知道」**尋找他們的共同點，終於發現了一些事。

我發現，那些聰明的人不只會「思考」，更懂得「持續思考」。

持續思考就跟做重訓或練習馬拉松一樣，練得愈勤奮，力量就愈強大，可說是一種「思考體力」。

面對任何問題時，一旦放棄繼續思考，一切便會結束。

但是，只要持續思考，我們的思考就會愈廣博，也會愈有深度，並能接近最佳答案。而且，只要繼續思考的話，還能讓那個答案源源不絕地發展下去。


我將持續思考所需的7種思考能力比喻成身體的「體力」，並命名為「思考體力」。我自己也成功地鍛鍊起思考體力，並運用思考體力養成了持續思考的「思考習慣」。

多虧如此，我才能成為數理物理學者，開創「壅塞學」、「無用學」等理論，並在42歲時當上東大教授。

我在工作上遇到許多一流企業家以及活躍於各領域第一線的專業人士，他們果然也具備了「思考習慣」。

若說是否具備「思考習慣」是成功者與平庸之人或失敗者之間最大的差異，其實一點也不為過。

因此，我在這本書中會先介紹養成「思考習慣」所需的「7種思考能力（思考體力）」，並進一步以簡單明瞭的方式解說在什麼樣的情況之下應該結合哪幾種思考能力，才能充分發揮這些思考能力的效果。

若是正在考慮換工作或想經營副業的人，只要具備「思考習慣」，就能成為社會所需的人才。

若是正在對人生或工作感到迷惘、正在煩惱人際關係的人，只要具備「思考習慣」，便能找到解決線索。

就算遇到失敗或挫折也無妨，只要不放棄地持續思考並從中學習，一定會有成功的一天。

而且，培養「思考習慣」完全不必耗費任何一塊錢，不論何時何地都能做這件事。

就算忙到沒有空閒或嫌麻煩而暫時停下思考也沒關係，只要不放棄再繼續思考就沒問題了。

假如你發覺自己每天只是一直滑手機或玩電腦,並未習慣去持續思考的話,請你一定要先產生危機意識。

因為,在未來這個錯縱複雜且瞬息萬變的時代裡,懂得持續思考的人與不懂得思考的人之間,差距只會愈來愈大。

尤其是符合以下14個情況之中任一項的人,一定要格外注意。那事不宜遲,你也來檢查一下吧。

〈需注意的情況〉

① 沒有想做的事情

② 不知道該為自己的將來做哪些事才好

③ 看待任何事情的眼光都不長遠

④ 做任何事情總是做到一半就覺得挫折

⑤ 無法獲得準確的資訊

⑥ 常常粗心犯錯

⑦ 容易上當受騙

⑧ 做事的規劃不夠周全

⑨ 不夠機靈

⑩ 只看到眼前的利益,反而吃了大虧

⑪ 做出錯誤的選擇

⑫ 遇到困難時想不到因應對策

⑬ 沮喪消沉時無法振作起來

⑭ 無法集中注意力

這些問題全是起因於個人未養成「思考習慣」。如今，這些問題不僅僅影響著個人層面，更成為了顯而易見的社會問題。

大至經濟衰退、少子高齡化社會、環境問題、教育問題，小至身旁的工作及人際關係的問題，皆是如此。

每一個人都會遇到大大小小的問題。在能解決這些問題的選項中，誰都不知道哪個方法才是最好的。

但如果因此便停止思考，那麼通往解決的道路就只會被封閉起來，使我們一步也不能向前。

就算現在還沒養成「思考習慣」也不要緊，「持續思考」是任何人都能做到的事，不問年齡、職業、經濟能力和環境。只要開始進行「持續思考」的訓練，現在起就能鍛鍊出「思考體力」，養成「思考習慣」。

只要養成「思考習慣」，你的未來必會更接近你所期望的生活。這本書若能助你一臂之力，那便是我的榮幸。

西成活裕

---

### 第 1 章

## 找到「想做的事」的
### 思考習慣

---

## 第 2 章

# 持續思考「該做的事」的
# 思考習慣

## 第 3 章

# 不被「資訊」迷惑的
# 思考習慣

## 第 6 章

# 不為「人際關係」煩惱的
## 思考習慣

## 第 7 章

# 能「創造結果」的
## 思考習慣

# 透過「7種思考能力」鍛鍊「思考體力」

是讓人能面對任何難題並找出解決方案的能力。

從這句話來看，「思考體力」似乎是一種非常不得了的才能。

但就像身體的體力又分成**「耐力」**、**「反應力」**、**「跳躍力」**等等，**「思考體力」**也是由每個人都具備的7種基本思考能力構成，各位不必太緊張。

這7種思考能力如下所示，每一種能力都有助於解決前面提過的14個〈需注意的情況〉。

> 〈7種思考能力〉
>
> ①自我驅動力：主動思考的能力
>
> ②多階思考力：總是進行多層思考的能力
>
> ③存疑思考力：勇於質疑一切的能力
>
> ④通觀全局力：俯瞰事物全貌的能力
>
> ⑤區分判斷力：分類事物並進行選擇的能力
>
> ⑥跳躍思考力：跨越多層思考階梯的能力
>
> ⑦微分思考力：先分析事物再進行思考的能力

事不宜遲，接著就來具體說明每一種思考能力吧。

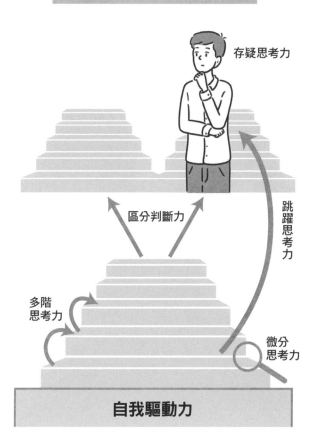

通觀全局力

存疑思考力

區分判斷力

跳躍思考力

多階思考力

微分思考力

自我驅動力

## ①自我驅動力

　　就像車輛有引擎才能動，主動思考並行動的能力就是「自我驅動力」。這是**「思考體力」的原動力**也是最重要的能力，要是沒了這項能力，一切都免談。

　　有些讀者也許不太懂何謂「自我驅動」，在我的專業「壅塞學」中，「自我驅動」是用來表示人、車等**「能靠自己意志行動的事物」**，全世界都通用。

　　倘若是因為別人說才做某件事的話，一旦結果不如預期或失敗，我們都習慣用**「又不是我決定」**等藉口為自己開脫，或以**「是某某人害的」**推卸責任。

　　但如果自己主動設定目標，並且積極採取行動，那麼無論遇到多大的難題，都能帶著「這是我自己決定做的事」的覺悟去克服。

　　如果是做自己想做的事，想必就能全心全意投入，並且樂在其中，對吧？

　　人生就像在開長途車一樣。

　　別開租借來的車，一定要把自己的愛車加滿油再上路，才是最重要的一件事。

　　總是提不起勁或容易半途而廢的人，都必須提升「自我驅動力」。

## ②多階思考力

當你自己設立目標以後，那裡就是你的起點。以「自我驅動力」開始行動，就會朝著目的地前進。

目的地有很多種，**可能是達成某個目標、找出解決問題的方案、提出全新的想法**等等，這些都取決於個人所追求的方向。

在這個過程中，我們容易出現「算了」或「搞不懂」等放棄的念頭，或是隨便找個適當的妥協點。

堅決不放棄，**持續「進一步思考另一層面」**的思考能力就是「多階思考力」。

如果說「自我驅動力」是引擎的話，那「多階思考力」就是持續踩油門的力量，相當於運動能力中的**「耐力」**。

是否具備思考到底的能力，會決定我們能否堅持完成自己設定的目標。

思考總是不夠長遠及全面、還沒思考就被別人的意見或外界資訊影響的人，特別需要加強這項能力。

## ③存疑思考力

存疑思考力就像車子的剎車，是一種能讓思考不至於失控，得以暫時停下的力量。

在確認自己前進的方向是否正確時，「存疑思考力」正是我們

所需具備的能力。

這在面對有疑問的事情時，才會讓人回顧自己做過的事或收集到的資訊，確認是否正確，從而提高準確度。

具備「存疑思考力」能讓人**避免出差錯，並思考出更好的選擇**。

如此一來，不僅能減少被錯誤資訊誤導的情況，也能降低被花言巧語或眼前利益迷惑的風險。

在工作方面絕不能出任何差錯的人自然不用多說，對於考生、參加資格考試的人等等，朝著任何以數字衡量結果為目標而努力的人來說，都是不可或缺的能力。

這更是**辨別網路上真真假假資訊時的必備能力**。

④通觀全局力

人總是容易被眼前的事情所吸引。

專注於自己應該做的事情固然重要，但如果只盯著一個「點」看，就會看不清整體的「面」。

**不要像螞蟻一樣近距離觀察事物，那只會讓你看不清楚周圍；要像鳥兒一樣將目光放遠，俯瞰事物的整體樣貌**，這種能力就是「通觀全局力」。

擁有「通觀全局力」，便能環顧自己正在進行的事物周邊情況，並掌握自己在該領域中的位置。

如果能客觀理解自己在整體事物當中的位置，就能清楚看見接

下來要走的道路以及應該採取的行動。

這種能力就好比生活中的車用導航或Google Earth。

「通觀全局力」包含了環視整個空間的「周邊視野」，以及從時間軸角度去思考的「前瞻」視角。

以「多階思考力」一步一步登上思考的階梯固然重要，但偶爾用「通觀全局力」俯瞰事物的整體樣貌，也能幫助我們做出更加適合的判斷。

倘若不具備「通觀全局力」，那麼無論做什麼事都很可能隨便地敷衍了事，白白浪費許多時間。

⑤ 區分判斷力

人每天都在不斷地做選擇。

**應該往右走，還是往左走？**

**選擇這一個才對，還是選擇那一個才好？**

不論何時，我們都不可能只走一條路就到達目標，途中必然會遇到岔路。開車也是一樣，假如發現有可能遇到塞車的話，我們就會考慮要走一般道路還是高速公路，或是乾脆繞遠路走還可能比較快到。

工作也是如此，**選擇的路線不同，就會讓途中所見景色以及最後抵達的時間也跟著改變。**

**若要選擇最適合的路線，就必須具備能在岔路口，妥善分類及**

整理好路線選項的「區分判斷力」。

若將這項能力與「存疑思考力」結合使用，便能增加我們的選擇，擴大可能性。**即使在關鍵情況下被迫做出決定，也更能夠做出正確無誤的判斷。**

⑥跳躍思考力

在面對問題時，或是在其他人都束手無策的情況下，有的人就是能夠迅速地提出解決對策。

這樣的人都具備「跳躍思考力」，**也就是能跨越多個思考層次，站在完全不同的角度找出解決問題的方法。**

以交通方式來比喻的話，這樣的思維轉換就像是直接捨棄原有的交通方式，改搭電車或公車等其他交通工具。

尤其是身處逆境時，更是需要這種**能夠「靈光一閃」的能力，將危機變成轉機。**

不論是在進退兩難的情況，還是遇到意料之外的情況，具備「跳躍思考力」就**更有可能找出解決問題的方法。**

⑦微分思考力

許多人看到「微分」一詞也許都會聯想到數學，簡單來說，「微分」指的其實就是「詳細地拆分」。

「微分思考力」與俯瞰全貌的「通觀全局力」相反，是一種將難以理解的事物**詳細分解再思考的能力**。

如果「多階思考力」是一階階往上爬的思考能力，那「微分思考力」就是將段差大的階梯細分為幾個小階梯，也就是先**分解事物，再以邏輯確認其構成要素的能力**。

此外，在我們運用「多階思考力」的過程中，「微分思考力」更會影響我們決定哪裡是思考的第一步。

舉例來說，「把人造衛星送上月球」的計劃可能會讓人覺得太過遠大而難以實現，但只要將應該做的事情**細分開來，便會發現其實每一部分都可以實現**。

例如：研發出在真空狀態下也不會鬆脫的螺絲、可遠端遙控的鏡頭……只要將這些細節部分組合起來，就沒有做不到的事情。

哪怕是再複雜且難以解決的現象，只要將一層拆解成十層，十層再拆解成一百層，我們就能理解其實就是**由簡單的事物組合而成**。這就是「微分思考力」。

而且，拆解時只要拆得恰當，我們在思考的過程中也會更容易發現問題、區分狀況。

就像在豐田汽車的「改善法」核心理念中，就提出了「只要細分就能明瞭」的標語。

只是用縱觀全局的角度去看待，有時其實會看不到一些細節，但如果將工廠每一條生產線負責的作業再細分成更小的單位來看，就更容易看出其中的虛耗情況。

一個人是否具備「微分思考力」，也決定他**有多大的能力去解決問題**。

以上這7種思考能力都是我們最基本的能力。這7種思考能力各自獨立，但當我們在解決問題時，則要加以結合不同的能力，方能發揮出這些能力的效果。

換句話說，只具備其中任何一種能力還不夠，就算有的能力差、有的能力好，也應該有意識地訓練並增進各項能力。

只要平時就能意識到這7種思考能力，並養成持續思考的習慣，就有辦法解決任何煩惱或困難。

從第1章開始，就要來談一談在面對各種不同的日常情況時，應該如何結合及應用這7種思考能力。

也請各位從今日開始，嘗試實踐所學的知識。

第 1 章

# 找到
# 「想做的事」的
# **思考習慣**

# 養成「思考習慣」
## 而達成目標的我

「**現在的工作適合我嗎？**」

「**這是我想做的事情嗎？**」

對於剛出社會工作的人來說，與職業生涯相關的煩惱似乎永無止境。我想，你也是因為**對人生感到迷惘**，才會選擇翻開這本書，對吧？

我在大學教學時，發覺了一件事。

「**我不知道自己想做什麼。**」

「**我沒有想做的事情。**」

我覺得有這些煩惱的學生愈來愈多了。

那麼，我們應該怎麼做，才能找到自己想要做的事情呢？

其實連我在成為一名數學物理學者，找到自己想做的事，完成「壅塞學」之前，也必須先養成思考習慣。

我就來簡單地談一談之前是如何靈活運用這7種思考能力（思考體力）。

我原本就是專門在研究流體力學，但是我並不打算將自己侷限在研究室。

　　因為，我希望可以發揮自己的專長，**我想對這個社會有所貢獻！」「想要解決讓大家煩惱的問題！」**這正是我的願望。

　　這對我來說是非常強大的動力，成為推動我向前的「自我驅動力」。儘管如此，**我還是不清楚自己真正想做的事情。**

　　於是，我開始思考：「若我要發揮自己的專長，對這社會有所貢獻，那麼我能做些什麼？」並且試著列出所有我能想到的社會問題。

　　要將抽象的事物具體化，就必須具備「微分思考力」。

　　將所謂的「社會問題」分解成更小的要素以後，我便找到了一個與我專長有關的主題。

　　**我在想，是否可以應用數學和物理的理論與公式，解決讓人與物品都無法順利移動的「交通壅塞」問題呢？**

　　我本身也很討厭人潮和交通壅塞，當我想到這個主題時，我興奮地想著：「這就是我要做的事情！」

　　確定好「我要解決世界上的交通壅塞」目標以後，我立刻運用「通觀全局力」俯瞰整體，將有關交通壅塞的研究徹底鑽研一遍。

　　然後，我發現交通壅塞的問題遠遠不及人口問題以及環境問題來得嚴重。

　　只要地球上的人口繼續增加，經濟也繼續發展，開車的人只

會愈來愈多，不會減少。透過「通觀全局力」，我也預見了未來的趨勢。

此外，在調查現有的研究內容時，我也發現有關交通壅塞的原因以及解決方法的研究都不夠完善。

這時，我又發揮另一項思考能力。

**「研究內容中關於壅塞的原因是正確的嗎？」**

**「有沒有其他更有效的方法可以解決壅塞？」**

也就是讓我停下思考腳步的「存疑思考力」。

我嘗試質疑當時被普遍視為解釋壅塞問題的「常識」理論，並因此獲得了許多新的思路。


接著，便是以「多階思考力」深入探討那些理論。

**「所謂的壅塞，指的究竟是什麼的狀態？」**

**「是什麼樣的原因才導致壅塞的情況發生呢？」**

為了釐清壅塞問題，我持續在千百層的思考階梯上一步步地前進，在這過程中也興起過無數次想放棄的念頭。


但我還是堅持繼續思考，然後就發現壅塞的原因可以分為好幾種。這則要歸功於「區分判斷力」。

我一邊探索壅塞的原因，一邊以「這種情況是這種原因」的方式列舉各個「情況」以後，便明瞭引起壅塞的最大問題為何，進而找到釐清壅塞問題的最短路徑。

雖說如此，後來的我又一次卡在思考的階梯上動彈不得，內心總有**「已經無法再往前突破……」**的想法。

在開始進行研究的前 4 年，根本沒有人把我看在眼裡，在學會發表研究時，只要輪到我上台發表，台下的人就會走光，讓我懊惱得不禁落淚……

那時的我一籌莫展，感覺就像獨自一人行走在黑暗的隧道之中。

然而就在那時，**「螞蟻的行進」**給我帶來不同以往的全新視角。

在我發現螞蟻群在行進中完全沒有推擠、壅塞的情況以後，我便立刻著手研究其中原因，並且想到可以將螞蟻的移動法則用來解決人類世界的交通壅塞。

我能出現這樣的靈感，正是因為具備了「跳躍思考力」。

研究後，我得知螞蟻都是根據費洛蒙的濃度與同伴保持一定距離。最後，我從牠們的生態得到結論——車輛間若保持 40 公尺以上的距離，自然就不會塞車。

這便是「壅塞學」的起源。

如果當時我未運用「跳躍思考力」結合螞蟻生態與壅塞問題一起研究，或許至今仍然不存在「壅塞學」。

正因為具備思考習慣，我才得以開拓新的研究領域。

這份道理並不僅限於學術研究。

不論是在做一件從未做過的事，還是在改革既存的業務，都一定要具備思考習慣。

換句話說，若是不發揮思考體力持續地思考，我們所做的事即使有了進展，也容易缺乏深度而粗略，可能隱藏許多致使失敗的因素。

我的意思當然不是說失敗不好，從失敗中學習也是相當重要的事。只是，我們的人生有限，時間珍貴至極。

為了能以最短的距離抵達自己的目標，「自我驅動力」、「多階思考力」、「存疑思考力」、「通觀全局力」、「區分判斷力」、「跳躍思考力」以及「微分思考力」都是同樣重要的思考能力。

# 把「喜歡的事」
# 結合「對人有幫助的事」

　　早已出社會工作的社會人士可能會覺得那些還沒出社會的學生說的都是些無關緊要的話。但是，實際上絕對沒有這回事。

　　尤其是當他們開始認真考慮「自己想做的事」時，通常都是在升高中、大學以及開始求職的關鍵時刻。

　　至今為止，日本全國已有超過10萬名的國高中生以及大學生參加過我的演講或課程。我經常向他們分享及建議「如何找到想做的事」，這裡就來聊聊這段經驗。

　　每當我站在數百名學生的面前時，我看到他們都是露出**「東大教授說的話肯定很無聊，我們居然整整1小時都要聽他講這些無聊的話」**的表情。

　　不過，只要我丟出問題，他們的眼神便會開始發光。
　　「你喜歡什麼呢？什麼都行，把喜歡的事寫下來！」
　　然後，我會讓他們在紙上自由寫下自己喜歡的事物。

　　這時，我也會開口分享我喜歡的事物。**例如：「我以前很喜歡《勇者鬥惡龍》這個遊戲。」或是：「你們知道《宇宙戰艦大和號》**

嗎？那是我以前看的動畫。」

話一說完，「**我玩過勇者鬥惡龍！**」「**我知道宇宙戰艦大和號！**」等聲音此起彼落。

接著，底下的學生們就會因為提到遊戲或動漫而熱烈討論起來，你一句、我一句地交流與分享。


有些學生會說：「**我沒有特別喜歡的事，也沒任何興趣。**」這時我就會改問：「**那你喜歡吃什麼？**」通常他們就會給我「**喜歡壽司**」等等的答案。

若問他們：「**你在做什麼事的時候最開心？**」學生們大多會回答「**看誰誰誰的影片**」或是「**和朋友聊天挺開心的**」等等。

每一個人肯定都有喜歡的事，只是平時並未注意而已。


然後，我一定會接著說：「我還有一個很重要的問題。你覺得地球上的人都在為了哪些事情煩惱？」

學生便會回答經濟不景氣、環境遭到破壞、高齡化社會等各種問題。

我再接著問：「**那你認為要如何運用自己喜歡的事去解決這些難題呢？**」終於進入了主題。

台下的學生會給我很多回答，例如：「喜歡遊戲的人可以開發一些專門給老人玩的遊戲，幫助老人不要得到失智症」、「喜歡跟人聊天的人可以考取諮商證照，幫助那些有煩惱跟困擾的人」等等。

接著，我會請他們思考這些回答有什麼共同點。

你認為其中的共同點是什麼呢？

那就是當我們解決了某個困難以後，能夠聽到別人道一聲「謝謝」。

我對學生說：「**只有在幫助別人而且對方也感激我們的時候，獲得的才是乾乾淨淨的錢。其他情況下賺來的錢都是不乾淨的，最好別賺這種錢。**」

然後，我會鼓勵他們：「**只要你喜歡的事情能對社會有所幫助的話，說不定你就能因此致富。仔細想一想你該怎麼做，說不定也會讓你想到一些很不錯的想法。**」

假如學生不知道該做什麼才好，覺得自己沒有目標的話，我也會建議他們試著在33頁的備忘錄中寫出自己喜歡的事。

只要試著去思考自己是否能對他人或社會有所貢獻及幫助的話，或許在這過程中就會有意想不到的發現。

我透過工作認識了許多一流的企業家及成功人士，發現他們都擅長結合「自己喜歡的事」和「有助於他人的事」。如果能用「自己喜歡的事」完成「有助於他人的事」，我想那肯定會是無比幸福的人生。

因此，我經常在演講中告訴學生：「**無論要花多少時間，請好好思考如何靠你喜歡的事情來幫助他人。若是真的能實現的話，你肯定會覺得很幸福。**」

我也會對已經出社會工作的人說這句話。

只要現在的工作中能夠實現「**自己喜歡的事**」和「**有助於他人的事**」，那就不會有太大的問題。

相反地，假如少了任何一個條件，而且你也一直感到不滿或煩惱的話，也許就可以考慮換份工作或兼職。

即使是看似完全不相關的事，若能以「微分思考力」拆開來看，並且運用「多階思考力」找出每個細節之間是否存在關聯，或許能發現意想不到的交集。

若是找出多種關聯，就再運用「區分判斷力」來探討哪一個選擇才是最好的決定。


透過至今為止認識的眾多成功人士，以及從前讀過的許多書籍，我明白了一件事，那就是「如果工作只是單純為了賺錢的話，這樣的人根本就不會幸福」。

**要將「助人」當作工作的目標。**

當這樣的想法成為「自我驅動力」，人就能夠展現出驚人的動力。

而且，也不會走向錯誤的方向。

你也不妨立刻帶著「要結合自己喜歡的事以及幫助別人的事」的觀點，好好地去看一看這世界。

# 找到「想做之事」的連連看備忘錄

●自己喜歡的事

| 1 例 講話聊天 | 2 | 3 | 4 | 5 | 6 | 7 | 8 | 9 | 10 |
|---|---|---|---|---|---|---|---|---|---|
| | | | | | | | | | |

用線連起來

●對人有幫助的事

| 1 例 提供諮商服務 | 2 | 3 | 4 | 5 | 6 | 7 | 8 | 9 | 10 |
|---|---|---|---|---|---|---|---|---|---|
| | | | | | | | | | |

## 將「爭強好勝」當作原動力

你有看過以豐田汽車創始人——豐田喜一郎作為原型的電視劇《TOYOTA劇場 領導者們》嗎？

豐田喜一郎對國產車有著無比的堅持，他非常反對從國外進口車輛到日本，於是創立了豐田汽車。他懷抱著**「要做出全世界都認可的日本國產車」**的熱忱，吸引了許多與他志同道合的人，遂將豐田汽車發展成為全球一流的汽車製造商。

豐田喜一郎的執著成為他的「自我驅動力」，也激發了與他一起打拼的人產生「自我驅動力」，讓他們得以克服各種困難。

這份單純**「真心喜愛日本國產車」**的熱情打動了許多人，不只改變日本，也改變了世界。

看完這部電視劇以後，我也留下了感動的淚水。

本田技研工業的創辦人本田宗一郎也是如此。

本田宗一郎非常**熱愛摩托車**，他經營了自己最喜歡的摩托車修車廠，最終打造出「世界級的Honda」，摩托車的銷售數量躍居世界之冠。

**日本魚類學家「魚君」總說自己「就是喜歡魚」**，他將對魚類的熱愛當作人生的研究主題，最終成為東京海洋大學榮譽博士及客座副教授，並活躍於電視等媒體。

喜歡什麼都不是問題。

只要擁有你極度熱愛的事物，就會成為你最強大的「自我驅動力」。

喜歡的心情若是愈強烈，這份動力就愈強大，就算遇到再困難的問題，也不會輕易放棄。

當你努力將自己對某件事物的**「熱愛」**具體化，並希望有所成就時，其實並沒有固定的標準答案。

只有真正地去實踐以後，才會知道自己做的事情會帶來什麼樣的結果。

因此，為了在過程中遇到任何情況時，也能回到起點並進行調整，還是要弄清楚**「自己最喜歡的事」**和**「想實現的事情」**。

另一方面，許多人雖然一開始是因為跟自己喜歡的事有關才去做某件事，但後來卻開始變成以賺錢為目的，失去了原本的目標。

正所謂**「好事多磨」**，每當事情順利進展時，總是會出現一些誘惑及干擾。遇到這種情況時，請你一定要做出讓自己永不後悔的選擇。

金錢固然是讓我們得以生存的必要之物，卻買不到真正的幸福。

　　即使你已經成為了有錢人，也不是想著只要能賺錢就好，真正有價值的是你要如何利用金錢這個「手段」去實現什麼樣的「目的」。

　　如果你能堅守這樣的信念，肯定能夠大大減少後悔的情況發生。

# 先設「小目標」，再訂「大目標」

　　有些人**雖然弄清楚了什麼是自己想做的事**，卻不知道應該設定**什麼樣的目標才好。**

　　當你在設定目標時，你是否有過「我設定的目標一定要很偉大、很厲害才行」的想法呢？

　　這種人通常會把目標設得過於遠大，很容易就會受到挫折。

**「目標太大就容易失敗。」**

　　這句話可以套用在任何事。

　　就本質而言，設定遠大的目標其實並不是一件壞事。

　　舉例來說，熱愛棒球或足球的少年立志成為職業運動員是正常的一件事，也不會有人去否定這個目標。

　　然而，**能否具體且詳細地規劃小目標，好讓自己達成遠大的目標**，才是關鍵所在。

　　一旦把目標設得太大，就會讓人覺得通往目標的這條道路既漫長又充滿阻礙，容易半途受挫或半途而廢。

　　因此，確定好自己的大目標以後，還要設定許多的小目標，然後一個一個去完成，才是更符合現實的做法。

也就是說，必須將大目標**細分成更小**的目標。

如果給自己設定的目標比較大，代表也需要更多的資源及工具才能達成，所以過程就會讓人覺得困難重重。

但如果是比較小的目標，需要的工具跟資源就會相對簡單一些，比較能夠讓人立刻去挑戰看看。

只要能先達成這些小目標，就會讓人產生自信，並且覺得自己離真正的目標愈來愈近。

假如你的遠大目標是**「成為科學家並獲得諾貝爾獎」**，那就先給自己**「明天考試先考50分以上」**的小目標。

考到50分之後，再慢慢提高到60分、70分……的目標。達到100分的目標後，就以學年成績前10名為目標。

接下來，就要開始準備大學入學考試，目標考上諾貝爾獎得主輩出的大學。

只要像這樣透過「多階思考力」和「微分思考力」一步一步地達成每一個小目標，就會讓人覺得獲得諾貝爾獎這個猶如癡人說夢的目標似乎也有成真的一天。

總之，最重要的就是將自己最初的大目標拆解成很多可以很快就達成的小目標，然後開始行動。

假如你是「根本想不到未來有什麼大目標」的人，不妨就先從

「日常生活中喜歡的事物」試試看吧。

　　在我指導的大學專題討論課上，也會有一些**「不知道研究論文要寫什麼」**或**「不曉得要研究什麼」**的學生。

　　曾有個喜愛美式足球的學生就是這樣，於是我跟他說：**「不然，你要不要做關於美式足球的球體旋轉研究？」**

　　還有個找不到研究目標的學生本來就只愛把妹不愛上課，所以我就對他說：**「不然，你要不要做個模擬，看看怎麼樣能夠提升把妹的成功率？」**

　　結果他真的興高采烈地開始了關於把妹的研究，而且還做出了非常有趣的研究成果。

　　無論多麼微不足道或看似荒唐的事，都不應該對它們有**「這樣的事怎麼能當成人生主題」**、**「這根本就是兒戲」**的偏見。


　　喜歡花卉的話，就可以先把「研究庭院裡所有的花」設為一個小目標。然後，再去研究整個城鎮裡所有品種的花。

　　對於日本的花卉品種有了詳細的研究及了解以後，也許就會讓你產生「成為研究全世界各地花卉品種的生物學家」或「為了保護植物種子而致力於環境問題」等等的目標。

　　就算剛開始倉促地設定目標也沒關係，只要實際有所行動，就能找到下一個目標。

　　只要在每達成一個小小的目標以後，都能感受到成就感和喜悅，那麼你的「自我驅動力」便會愈來愈強大。

## 痛苦的經驗、鈍感……
## 易「自我驅動」者的條件

人生中難免遇到困難。

活在這世上的50餘年間，我已經歷了無數次的挫折。

我也明白將來還是會繼續經歷各式各樣的困難。

即使如此，只要我帶著**「無論發生什麼事，我一定都能克服！」**的精神繼續朝著遠大的目標努力，並且用「微分思考力」逐一完成每一個小目標，我相信成功一定能夠手到擒來。

人生第一次切身感受到這一點，是在研究所時期。

當時，我自己跟父母說「不需要生活費和學費」，將自己逼到必須打工賺錢才能讀書與生活的境地，過沒多久，日子就陷入了一貧如洗的狀態。

那時，我每週只洗一次澡，也曾拜託便當店老闆將過期便當分給我，甚至曾靠一把麵條撐過一整個星期。

當我無法支付房租時，也曾住在朋友的倉庫裡。

儘管如此，我還是給自己設下**「要想盡辦法活下去」**的遠大目標，並且學會了各種讓人能夠生存下去的生活智慧（小目標）。多虧如此，我才在貧困之中順利完成了研究生學業。

正因為經歷了那段艱苦的日子，我才變得愈來愈能夠面對任何困難，克服任何逆境。

而且，如今的我更堅信未來自己也會如此。

吃過苦的人都會培養出「自我驅動力」。

這世界上所有成功的人也是因為擁有克服困難的強大「自我驅動力」，才會完成他們給自己的遠大目標。

反之，假如一個人沒吃過什麼苦頭，遇到一點小失敗或挫折就容易覺得挫敗，一點點壓力都承受不住的話，那他們就容易缺乏迎向目標的「自我驅動力」。

他們可能會經常讓自己陷入在莫名其妙的不安之中，也會因為過度在意他人的評價而無法繼續前進。

這樣的人若能稍微鈍感一些，反而會更容易前進。

坂本龍馬有一句名言正是強調了頓感的重要性。

「世人如何說我，就讓他們去說。我做的事，只有我自己知道」

（坂本龍馬《詠草二和歌》）

無論他人怎麼說，我要做的事只有我自己知道。正因明白這一點，我絕不輕易動搖我的決心。

在現今這個資訊化的社會裡，擁有這樣的心態是格外重要的一件事，我們不必過度悲觀，也不必過度在意他人的批評以致產生不

必要的焦慮。

　　若是值得信任的人提出批評，我們當然要虛心接受，但同時不失自己的「存疑思考力」。然而，在面對不特定多數的批評時，反而應該鈍感一些，保持樂觀。

　　尤其是網路的世界，更是充斥著許多不負責任且毫無根據的言論及意見。

　　要是太過認真看待這些言論，就會讓人難以前進。只要能做到不在意這些言論，我們便能有更好的發揮。

　　就算我們缺乏自信，也絕對不能去讓別人幫我們設定目標，朝著這種「借來的目標」前進。

　　假設你有意研究農業改革的問題，因指導老師表示「農業是現在亟待解決的問題，你可以做這方面的研究」而進行的研究；與你因抱持「日本的農業不能再這樣下去」的危機感而進行的研究，結果必會大不同。

　　如果是受內心想法的驅動才訂下的目標，那我們就會主動且熱衷於達成該目標；若是跟別人借來的目標，怎樣都不會真心投入。這前後者的動力有如天差地別。

　　這就是「自我驅動」和「他人驅動」的區別。

面對困難時，只要擁有**「這是我自己設下目標，我一定要達成」**的執著，我們就會以堅韌且強大的精神力去克服一切。

反之，如果我們的目標是由他人代為設定的話，在遇到挫折時，就會開始推卸責任，說些**「這又不是我決定的」**、**「都是老師害的」**等不負責任的話。

明明是應該由自己走的人生，卻要活在別人設定的目標裡，最後就會淪落到這樣的結局。

做任何事情都是一樣，若自己的心中充滿熱情，就不容易輕言放棄。

就算再怎麼徬徨猶豫，最終都應該由自己決定要設定什麼樣的目標才對。

只要是自己決定的事，我們就能夠堅持不懈，直到開花結果。

# 累積失敗經驗能讓自己找到「想做的事」

　　我常對學生說：**「如果你不知道該做什麼的話，請你隨便想一件事，持續思考約3個月。」**

　　頭腦好的學生就會在這3個月之間認真思考什麼才是對自己將來有所幫助的技能，最後選擇一份能夠學習到這些技能的職業。

　　相反地，我也發現很多學生明顯地無法堅持思考3個月，而且這些學生多半會因為**「賺得比較多且受歡迎」**就選擇外商公司或顧問公司。

　　20幾歲的年輕人的確還可以憑著「自我驅動力」樂觀地看待一切，不必害怕失敗，持續地去挑戰。


　　不過，就我教過的學生來說，有些只在乎年薪或公司名氣的學生大概出社會工作3年以後，身體就開始出現一些問題，最後都跟我說他們已經辭職了。

　　在我的詢問之下，有些學生跟我說：**「（外商公司和顧問公司工作）都是以公司的利益而不是顧客的利益為優先，每天都在面對好幾億的工作，我覺得內心很矛盾……」**

　　很多人都是在工作3年左右，透過「存疑思考力」、「通觀全局力」以及「微分思考力」持續思考關於工作這件事以後，才發現自

己當初的選擇是錯誤的。

我有個學生原本也是進入外商公司，後來辭職並進入生產製造業，收入也比原先少五分之四，他卻說：**「生產製造才是我真正想做的事，現在的我比以前更幸福。」**

其實在他還沒畢業之前，我就知道他是適合走生產製造的那塊料，但我還是沒有阻止他進入外商公司。

因為，失敗也是經驗的一部分。

年輕時多經歷一些只有嘗過失敗滋味才能學到的經驗，其實也不是一件壞事。

尤其是很多東大生都因為腦袋好，沒經歷過失敗，一直過著一帆風順的人生，所以我都跟他們說：**「想做什麼就做什麼，趁著年輕時多嘗嘗失敗的滋味。」**讓他們自由地去做自己想做的事。

因為，只有狠狠地踢過一次鐵板，人才會發揮出「跳躍思考力」，以截然不同的觀點去認真思考人生的目標以及何謂幸福。

就算當初的選擇以失敗收場，但這3年累積的經驗一定都會成為自己的養分。

而且，這些失敗的經驗更是在將來不容失敗的年紀時能派上用場的寶物。

我認為20多歲的人抱持「船到橋頭自然直」的樂觀心態也無妨，因為就算失敗了，大不了重新再來一次就好。

　　到了40歲左右再選擇一條不會失敗的職業道路就好了。

　　失敗與否當然還是取決於選擇了什麼職業。因為，很多人在40歲之前都已經累積了一定的技能和經驗，準備開始進入下一個階段。

　　也有一些累積了豐富經驗以及技能的中堅員工後來跳槽到外商公司，薪資都是日本企業的好幾倍。

　　不過，外商公司基本上都屬於工作型的僱用模式。最近常聽到有許多外商公司只跟日本人簽兩年的僱用合約，而僱用他們的目的只是為了竊取日本的優良技術。

　　在這樣的情況下，萬一有一天被指控是商業間諜的話，可能就會造成無法挽回的後果。

　　雖然這只是個別案例，但40多歲的失敗可能會造成更大的損失，因此我們都應該以更強大的「存疑思考力」做出謹慎的判斷。

## Column

### 「缺乏自信的人」有更大的成長空間

　　**被問到對自己有沒有信心時**，有多少人會回答「我非常有自信」呢？ 就我的所見所聞而言，我覺得**缺乏自信的人似乎遠遠多於對自己有信心的人。**

　　不過，缺乏自信並不是壞事。缺乏自信的人反而擁有更強大的「存疑思考力」，所以我覺得可以正向看待缺乏自信的這件事。

　　缺乏自信的人做任何事情時都會謹慎地思考：**「這樣做到底行不行？」** 或是：**「這個方法是正確的嗎？」**

　　我在大學時期曾在升學補習班當班級導師，那時我負責的班級是成績偏差值最差的一班。

　　其中有個高一男同學的成偏差值低於40，我仔細觀察他的成績為何遲遲無法提升以後，發現他的數學科和物理科有**很多基礎知識的誤解。**

　　他一直覺得自己**「不是讀書的料，已經沒救了」**，對自己毫無信心，但有一次他說：

　　**「我覺得不甘心，我和大家都是上同樣的課，憑什麼我的偏差值就是這麼低？」**

　　這句話出自於他的「自我驅動力」，顯示出他希望**「不輸給同班同學」** 和**「希望自己的成績能夠提高」** 的心情。

我自己也是一個非常好勝的人，所以能完全理解他的心情，當然對他置之不理，於是我對他說：「**那就努力升上偏差值最高的班，讓大家都刮目相看！**」並決定陪他一起努力。

　　升上高二後，我也愈來愈常與他進行一對一教學。多虧如此，我才能仔細為他講解，逐一改善過去沒打好基礎的知識，而他的成績也愈來愈好，愈讀愈有興趣。

　　他的最大優勢就在於懂得利用「存疑思考力」去思考「自己的做法是否正確」，從而意識到自己的錯誤。而且，最重要的是他將那份「**不想輸給其他同學**」的心情當成了自己最強大的「自我驅動力」，全心發憤向學，使他的成績終於有所起色。

　　最終，成績偏差值原本在 40 以下的他在經過兩年左右的努力後，不只升上了補習班的資優班，更成功地考上東京大學，現在的他已經是一名大學教授。

　　只要擁有「自我驅動力」，即使缺乏自信也能勇於挑戰。**「缺乏自信」並不等於「做不到」**。反而應該將它視為一個培養「思考習慣」的好機會。

第 2 章

持續思考
「該做的事」的
**思考習慣**

## 「持續思考的人」和 「只憑熱血做事的人」大不同

目標確定以後，接下來就只需要做該做的事。

會這樣想並且付諸行動的人，通常有2種典型的模式。

一種是**會持續思考**，另一種是**不會持續思考**。

前幾天，我就遇到一個能清楚體現兩者差異的情況。

那時，我們在討論「如何吸引顧客消費，進而促進地方活性化」的課題。

在這個過程中，可以很清楚地看出哪些參與討論的人具備思考習慣，哪些人則否。

當我們討論到「如何吸引更多的人到A地區新開幕的店鋪光顧」時，沒有思考習慣的人就會說：**「我知道，這件事交給我。我會在店門口大聲喊『歡迎光臨！』吸引客人。」**

這就是所謂的**「只憑熱血做事的人」**。

聽完以後，另一位參與討論的人提出完全不同的想法。他指出客人上門光顧的行為模式可以分為3種。

**【上門光顧的客人行為模式】**

①事前做功課，決定好去哪家店以後才登門光顧的客人

　……資料收集型

②偶然經過店鋪，覺得店家看起來很不錯、餐點看起來很好吃便上

　門光顧的客人……偶然光顧型

③之前便曾光顧過，想再次消費或為了優惠券而再次光顧的客

　人……回頭客型

　　他具備的「微分思考力」與只憑熱血做事的人完全不同。

　　而且，他也進一步說明必須分別採取以下的對策才能吸引到更

多顧客，完全展現出他的「多階思考力」。

**【吸引不同類型顧客的對策】**

①資料收集型……開發網站應用程式，並提高官方網站的訪問量。

②偶然光顧型……在車站前發宣傳單，讓更多人能得知這家店的

　　　　　　　　存在。

③回頭客型………以集點卡、優惠券或網路評論換取優惠等等，讓

　　　　　　　　客人覺得划算又實惠。

而且，若想讓這樣的行銷策略成功，還必須具備「通觀全局力」，才會知道如何讓透過網路吸引客人找到這間店，或是知道應該在哪個地點發傳單的效果最好。

同時，還必須運用「存疑思考力」思考品牌形象，抱持**「如果要增加偶然光顧型的客人，店內的裝潢跟菜單可以繼續維持原樣嗎？」**等質疑。

只要具備思考習慣，就會像這樣具體明白該做什麼。

目的同樣都是希望增加客人並促進當地發展，但有的人只能想到以最表面的叫賣方式攬客，而有的人則能有不同層面的思考，甚至提出因應不同客群的策略，前後者的成果差距肯定有如天壤之別。

就拿身邊的事物來說，整理家裡也是同樣的道理。

當家裡的東西丟的到處都是，堆得亂七八糟時，光是看著就讓人提不起幹勁，對吧？

但如果把**需要整理的範圍區分成小區域**，只看玄關、走廊、臥室等小範圍的話，你覺得如何呢？

是不是會覺得只有這個範圍或許就沒問題了呢？

只用非黑即白的二分法來思考的話，我們也許會放棄整理，繼續住在凌亂的空間，或考慮乾脆搬新家，把問題丟給搬家業者處理等等，想法容易過於武斷或單純。

但只要具備思考習慣，這時就能夠運用「多階思考力」和「微

分思考力」具體化每一件應該做的事情，並付諸行動，從而實現自己的目標。

如今是一個凡事講求效率的時代，「3天就能達成！」或「10分鐘就能明白！」等追求速度的思維似乎已然成為常態。

不過，根據神經科學的研究，那些**輕鬆記住的內容往往一下子就會被遺忘，難以形成長久記憶**。

就長遠的角度來看，出現愈多這種好像可以很快就弄懂的內容，人就愈可能浪費更多時間，造成更多損失。

因此，這句「欲速則不達」在當今的時代也許更應該受到重視才對。

因為，人在真正急迫時更需要以足夠的「思維體力」在思考的道路上持續思考。

希望你們都能養成持續思考的習慣，不要只顧著追求效率，而忽略了本質。

※參考：《記憶力を強くする　最新腦科学が語る記憶のしくみと鍛え方（增強記憶力 用最新的腦科學告訴你關於記憶的祕密以及如何鍛鍊記憶力，暫譯）》

## 以「多階思考力」分三個層級思考，就能與他人拉開差距

姑且不論經營者或像我這樣的專業人士，有些人或許心想：**「我就只是個普通的員工，那我在持續思考時到底還要往上思考幾層才好呢？」**

商務人士、大學生或自由職業者又應該要思考到什麼程度，才算是養成良好的思考習慣呢？

當你在搭乘火車或捷運時，或許也經常看到以下的情景。

當小孩子不停地問爸爸或媽媽**「為什麼」**時，通常父母的回答都是**「你好吵」**或**「我不知道」**。

就「多階思考力」的角度而言，這完全是連想都沒想的狀態。

說出這句**「你好吵」**就代表說話者拒絕思考，可說是**思考力為零**。

其他的情況也是一樣，一般人的對話幾乎都是一問一答地進行，因此「多階思考力」通常只有一層，頂多到達二層而已……

日常生活的其他情況也是一樣，哪怕隨便舉個例子，我都覺得大部分的人幾乎不太會去深入思考。

當然，也有人只要切換到工作狀態，思考的層面會大幅增加。

不過，我覺得還是有很多人都抱持「不管做什麼事都要愈快愈好！」的心態，這樣的人不閱讀，也不做充分的調查、不肯聽別人的意見，只想急著得到答案。

經驗及歷練都還不夠豐富的人一旦偷懶，不肯持續思考的話，他們與養成思考習慣的人之間的差距就會在10年、20年後愈來愈明顯。

舉個例子來說，假設你明天必須交出一份企劃書。

這時，你可能會在網路上隨便找一些資料，草草寫出一些想法，或是參考其他公司的熱賣商品，然後把你原先思考了一層、兩層的內容修改得與這些熱賣商品差不多，然後匆忙地交出企劃書。

然而，有些人則會告訴自己：**「不行，我這樣太躁進了」**然後進一步思考：**「我能不能想出更有趣的企劃？」**持續一層又一層往上思考，直到無法思考為止。

大多數人都傾向於優先完成工作，然而工作能力好的人則會耐著性子持續思考，直到無法再思考為止。

更進一步說，平時就習慣將自己想法記錄下來的人，或是習慣提早建立好企劃資料庫，擁有深思熟慮思考習慣的人，其實更有可能做好他們的工作。

因此，我經常跟別人說，就算工作或課業再忙碌，還是要養成凡事至少思考三個層級的思考習慣。

如果你已經做到凡事都能思考三個層級，那就再請您試著分別

思考這三個層級，這樣一來，你會覺得思考三個層級就跟思考一個層級一樣簡單，你的思考層級就會愈來愈多。

我深切體會到這種感覺，是在我被壅塞學的數學概念問題難倒的那2～3年。

在我的思考陷入僵局時，我想到一個很笨的方法，就是將那些絕對會失敗的模式進行分類。

我覺得這就是以「微分思考力」進行思考，並以「區分判斷力」進行探索。

只要失敗的次數愈多，就能用刪去法排除失敗的選項，也就能夠一步一步走向正確方向的思考階梯。

因此，最重要的就是不要害怕一開始的錯誤或失敗，無論如何都要先有三個層級的思考，並付諸行動。

倘若一直害怕失敗，這樣的經驗值就會難以提升。

假如真的無法自己思考並採取行動，剛開始不妨試著模仿具備強大多階思考力的人。

許多公司也都會在OJT（On the Job Training／在職培訓）導入多階思考力的訓練。

之前我在跟一位銀行主管請教關於OJT的問題時，他說：「**資深員工和新人的差別就在於知不知道應該省略什麼。**」

我想，這應該就是所謂的「工作節奏」吧。

尚未熟悉工作內容的新人需要一層一層地仔細思考，所以要花比較多的時間才能完成工作；而經驗豐富的資深員工已經知道哪些部份可以省略，自然很快就能完成。

那位主管還說：「持續仔細思考當然是必要的，但在接受過一定程度的思考訓練並累積經驗以後，學會如何省略也是工作的一部分。這就是 OJT（在職培訓）的目的。」這也讓我再次了解到「工作節奏」確實很重要。

不管是什麼樣的工作，一定都存在這樣的「內隱知識」，可說是助我們走上進階思考階梯的關鍵所在。

工作能幹的人通常具備豐富的「內隱知識」，並且擅於判斷出哪些部份需要登上思考的階梯，哪些部分則否。

## 將事物分解成「3個要素」再思考

AI的發展使社會急遽改變、世界各地頻繁發生自然災害……這個時代的我們完全無法預測未來會發生什麼事。

而在商業世界裡，這種情況就被稱為「VUCA時代」(**Volatility（易變性）、Uncertainty（不確定性）、Complexity（複雜性）和 Ambiguity（模糊性））**。

面對瞬息萬變、難以預測、錯綜複雜且未知可否的狀況，確實很容易讓我們感到焦慮及混亂。

另一方面，有些事情即使過了幾千、幾百年，也永遠不會改變。

數學就是最好的代表。數學的世界不存在所謂的「過時」概念。

不論是四千年前還是現在，一加一都是等於二，經由數學證明過的事實也絕對不會改變。

換句話說，我**清楚明白無論發生什麼事情，無論時代如何變遷，有些事就是不會改變。**

數學家擁有這種感覺是非常重要的，以前我和一位專長為經濟學的朋友在討論時，他就說過：「我們和你的區別就在這裡。」

身在商業活動與經濟世界之中的人要一直思考如何在風起雲湧的社會生存下去。

相對而言，我們這些數學專家則有任何時代都通用的邏輯當作靠山，不論發生什麼事都不會影響我們。

就像「若 a 等於 b，且 b 等於 c，則 a 與 c 必然相等」的三段論一樣，只要擁有不變的邏輯當作靠山，我們就不會受到各種變化的影響，仍然能夠屹立不搖。

舉例來說，隨著 AI 的發展，電腦系統也不斷在提升，有些人就會說：「**我們必須學習新的作業系統。**」而我則想告訴他們：「**我認為你們應該先學習一些就算系統升級也不會受到影響的基礎電腦知識**」。

電腦的基礎是系統架構設計，包括：作業系統和應用程式如何透過介面來讀取和處理檔案中的資料、資料庫的運作方式等等。

但無論作業系統如何升級，系統架構的基礎都不會輕易改變。

只要我們多學習與理解一些始終不變的事物，就能以「**在 VUCA 的時代有哪些事情始終不變？**」的觀點去面對這個社會。

無論情況怎麼改變，始終能將目光放在不變事物上的人，才更容易獲得成功。

因為，在面對日益複雜的情況時，是否具備簡化這些情況的能力正是一決勝負的關鍵。

若要把複雜的事變簡單，就要具備「區分判斷力」。

哪怕是看起來再複雜的事情，**多半都可以大致分為3個要素**。

學過物理「混沌理論」的人肯定都會知道，當3個要素交織時，會出現各種不同的複雜現象。

也就是說，無論未來出現多麼複雜的現象，如果你能夠把它拆成3個集合體來看，而不是拆分成瑣碎的要素，那麼你就有辦法把問題簡化。

2個要素會過於簡化，所以基本上要找出3個要素。

現今的國際情勢也是如此。中國、美國和歐洲是主要的三大勢力，彼此間的角力使國際情勢顯得錯綜複雜。

就拿上市公司員工的工作來說，他們的工作正是由圍繞著上市公司的3個要素——公司、員工和股東——組合而成。

遇到任何問題時，只要像這樣先將情況大致分解成3個要素，再去探究問題的原因何在，就會更容易找出解決辦法。

思考什麼是自己想做的事也是一樣，簡化問題反而比想得複雜更容易找到答案。

就算有再多「這個時代動盪不安，沒人知道以後會怎麼樣」的

聲音，也不必覺得「情況這麼複雜，我又不曉得要做什麼，乾脆放棄算了」，只要把**「想做的事」**分類，選擇你做得到的事就行了。

　　如果你在過程中覺得事情的發展不如預期，那就再將遇到的問題區分成３個要素，簡化以後再思考原因所在，修正前進方向。

# 用時間軸劃分「想做的事」


眼前有好幾條路可以選擇時，我們時常會感到迷茫，不知道該選擇哪條路才好。

這一點正是人生的趣味所在，在沒有正解的情況下選一條路並靠自己把它走成對的路，才是人生的醍醐味。

當我不知該往哪個方向前進時，我就會將每件事情都按照時間軸進行「情況區分」。


一種情況是預計2～3年內可實現的目標。

另一種情況則是需10～20年才能達成的目標。


只要像這樣預先設想好達成目標所需的時間，通常大多數的人都會選擇去完成能在短期內達到的目標。

**「與其明天做100件事，不如今天先做好50件事。」**

沒有人能預料未來會發生什麼事，所以大部分的人都更傾向於去做能早日看見成果的事情。


我能理解這種心情，但我認為以「通觀全局力」來思考的話，只挑短期可達成的事來做是非常危險的做法。

如果只是一直重複做一些短期內能達成的事情時，就有可能因為每次的成功或失敗使情緒大起大落，進而影響到自己的表現，以失敗告終。

不過，只選擇做長期才能達成的事同樣也有很高的風險。因為所需的時間愈久，確定能達成的機率就會愈低，沒辦法立刻獲得收入就會讓生計陷入困難。

那麼，我們到底應該怎麼做才好呢？

如果是我的話，我就會考慮把「短期：長期」的比例設在「7:3」或「6:4」，「5:5」的比例會讓我覺得很不安。

至於想做的事需要多久才能達成，則要看這件事得用「多階思考力」思考多少層級，才能預估所需時間。

研究「壅塞學」是我的目標之一，而且我將它視為一輩子的研究主題，所以今後的我還是會鍥而不捨地在思考的階梯一步一步往上爬。

關注地球環境、市場經濟、人類心理與幸福等主題的人，大概也都是以長期的時間軸去思考這些議題。

假如在解決這些難題時只考慮眼前的得失，企圖在短期之內強行解決的話，最後的結果肯定是以失敗收場。

相反地，假如是面臨公司必須在一年內還清債務，否則就會破產倒閉的情況，那就必須把一年內能做的事情分解成許多小任務，並且逐一完成這些任務。

既然都出現了經營危機，就別再說什麼「要考慮10年以後的事」，到時候說不定公司早就倒閉了。

不過，我覺得很多年輕人都執著於短期的結果，被耍得團團轉。

假如你總是急著看到成果而焦慮不已，我會建議你回到「自我驅動力」的原點重新思考**「真正想做的事」**，找出需要用10～20年去達成的長期目標。

請試著在短期和長期的兩個時間軸上，發揮你的「多階思考力」去規劃通往目標的職業道路。

假如你覺得短期和長期之間的比例分配不均，當然也可以隨時進行調整。

只要劃分出自己的人生階段，再把根據時間軸進行區分的目標對應到每個階段，就會更清楚自己要做的事。

# 不要混淆「目的」和「方式」

我到現在還是一直在思考，**我能不能解決世上的各種壅塞問題，讓更多人活得更快樂？我是否能運用自己的數學和物理專長，找到更多幫助人們解決困難的方法？**

因此，無論我看到什麼事情，**我都會將它視為一種壅塞**。多虧如此，我也在2019年時成功取得一項成果。

生質酒精是一種燃料，近年愈來愈受到重視，被認為具有取代化石燃料的潛能。

在製造生質酒精的過程中，需要分解一種叫做纖維素的成分，但聽說用來分解的纖維分解酵素卻沒辦法很順利地成功分解纖維素。

我得知這件事以後立刻投入研究，發現原來是因為纖維分解酵素的分子有「壅塞不通」的情況。

我心想：**「假如能夠解決分子壅塞不通的情況，恢復纖維分解酵素的活性，或許就能更順利製造出生質酒精。」**於是，我與其他研究者合力找出可透過改變纖維分解酵素大小以解決分子壅塞的方法，並在物理學界的頂尖期刊《Physical Review Letters》發表這項研究。

這篇農學領域的研究論文雖與我本身的專業無關，但我還是很高興看到它獲得了很高的評價。

**我會認為任何問題皆源於壅塞，正是因為我的內心有著想透過解決各種壅塞來改變世界**的「自我驅動力」。

而且，只要自己能發揮「跳躍思考力」跳脫原本的思維，就能將自己的專長應用在各種情況。

這麼說可能會讓你們覺得我很自大，但我真的完全沒興趣靠提供解決壅塞問題的諮商服務大賺一筆。

不只如此，有時我也會提供免費的諮詢服務，幫助對方解決問題。聊完以後，只要對方對我說一句「謝謝」，我就會覺得很開心。

對我來說，解決各種壅塞情況，讓大家獲得幸福才是我的目的，發明「壅塞學」只不過是達成目的的方式。

**工作終究是為了實現人生的目的。**

**而這樣的思維是獲得幸福的前提。**

只是，我覺得現在**有很多人把方式誤認為目的。**

舉例來說，日本厚生勞動省在 2019 年提出了「勞動方式改革」的構想。

這份構想一提出以後，不論是資方還是勞方都強烈地意識到必須進行「勞動方式改革」。

不只是我，應該也有人覺得重視**「我要如何改變勞動方式」**勝過**「我為何要做這份工作」**的人愈來愈多了。

假如「勞動方式改革」變成工作的目的，那我們做工作就有可能變成了實現這個目的的方式。

但是，就算勞動方式改革得再好，假如還是沒辦法透過工作感受到幸福的話，那就變成了本末倒置。

那麼你又是如何呢？

你是否也混淆了「目的」與「方式」？

如果你在這個最基本的認知上有所誤解的話，或許你就應該回歸到「自我驅動力」並且重新思考。

**「我想要做的究竟是什麼？」**

**「我為什麼選擇了現在的工作？」**

只要你試著回到這些原點，或許你就會發現「自己想要的並不是這樣」。

以「通觀全局力」鳥瞰自己目前的這份工作，或是以「微分思考力」去思考工作目的為何、手段（目標）為何，去整理自己的想法，也不失為一個好辦法。

**「因為公司給的薪水很高」**

**「因為公司的未來很穩定」**

**「因為公司屬於成長型的企業」**

就算你只是因為這些理由才選這份工作，但如果你沒弄清楚「目的」與「方式」的話，那這份工作就沒辦法幫你實現**「想要幸福」**、**「想要成功」**等人生目的。

很多人選擇目前這份工作目的都是「**想為社會做出貢獻**」，不過每個人實現目的的手段都不一樣。

有的人像我一樣將解決壅塞問題當成實現目的，有的人則是為了改善環境問題而致力於減少塑膠垃圾。

有的人專門提供能夠解決他人困難或不便的服務，有的人則投入能給人帶來幸福及喜悅的工作。

只要我們的目的足夠明確，那麼不論方式如何改變，我們前進的方向都不會偏離。

首先，最重要的就是確認好自己的人生主軸。

# 從「人生的目標」逆溯思考

**想好好發揮思考體力持續地深入思考，但每天都有一堆事情要忙，結果什麼事都只能「大概地」思考一下就草草結束⋯⋯**

有的人就是難以擺脫這樣的煩惱。

如果你也是這樣的話，我建議你先停下腳步，就算只花1小時也好，靜下心想一想自己想過什麼樣的生活。

20幾歲的你希望30幾歲的自己是什麼樣子？

30幾歲的你希望40幾歲的自己過著什麼樣的人生？

請先描繪出自己目標的理想樣貌，然後往回思考自己應該怎麼做才能實現這份理想。

如果你是**「不但要做好工作，還要享受生活」**的人，那你就要發揮「區分判斷力」及「微分思考力」仔細思考該如何維持工作、時間、金錢以及人際交往的平衡。

我們要去思考哪一種情況才有可能實現這樣的目標，並且列出自己應該做的事情。

假如你正在人生的育兒階段，而且你覺得**「小孩長大之前要花不少育兒費用，等他們成年以後再做自己想做的事」**，那你就需要知道所需的育兒費用，思考現有的收入、存款或是股票投資等等是

否足以應付。

而且，還要發揮「多階思考力」去規劃該如何在孩子成年以後籌集自己所需的資金。

只是想著**「希望總有一天能好好享福」、「孩子長大後就要做自己喜歡的事」**是不夠的，還必須規劃在那之前必須做的事，否則**「總有一天」永遠都不可能到來**。

人生只有一次，若不想只是停留在「給未來畫大餅」的階段，就必須從**「職業規劃（工作目標的計劃）」**或**「職涯規劃（包含工作和個人生活的人生規劃）」**往回思考。

這時，我們必須發揮的能力就是思考體力。

・思考自己想要過什麼樣的人生 ⋯⋯ 自我驅動力
・思考實現人生目標應該做哪些事 ⋯⋯ 多階思考力
・思考自己認為該做的事是否正確 ⋯⋯ 存疑思考力
・從高處俯瞰自身想法與世俗之見的落差 ⋯⋯ 通觀全局力
・預先設想各種情況，思考在不同的情況下該如何應對

⋯⋯ 區分判斷力

・試著以完全不同的觀點去思考 ⋯⋯ 跳躍思考力
・詳細分析自己所思考的事 ⋯⋯ 微分思考力

只要發揮思考體力，思考並執行實現人生目標所需採取的行動，我們就能擺脫得過且過、隨波逐流的人生。

在新冠疫情引發的全球大流行之中，我們親眼目睹了工作朝不保夕的殘酷現實。

想必也有人產生了**「不曉得自己什麼時候會失業」**的危機感。

在新冠疫情的衝擊過後，這個時代的社會人士重新學習新技能已經是一件家常便飯的事了。

人類本來就是一種擁有正常化偏誤思維的動物，總是覺得事情**「應該沒問題」**或**「總會有辦法」**。有的人只有在像新冠疫情這樣的外在因素所帶來的危機降臨時，才不得不開始思考自己的職業道路。

無論如何，現在不論是大企業裁員或公司倒閉都不算罕見，無論我們從事什麼樣的職業，認真思考自己的人生規劃才是更保險的做法。

往後的日子不一定會一如往昔，將來的人生也不一定是過去人生的延長。

只要你意識到這一點，就會發覺逆溯思考的重要性。

# 篩選出邁向理想「職業道路」的必要事項

眼前該做的事就夠累了，根本沒精力思考人生規劃。

如果你也是這樣的話，不妨先想一想「職業道路」。

所謂「職業道路」指的是「累積經驗的道路」。

**你在目前這份工作中累積了什麼樣的經驗呢？**

為了提升自己的才能價值，我們就必須去思考未來應該要累積哪些經驗、學習哪些技能，並且付諸行動。

我在擔任東京大學的教職人員面試官，或在進行博士班學生的學位審查時，我也一定會先詢問：「你是否思考過自己的職業道路？」

**思考自己的職業道路，就是具體地去思考應該做什麼才會對自己的將來有幫助。**

無論是未來要踏入社會的新鮮人，還是已經在社會上歷練過的人，活在當今這個時代的每個人，都必須有計畫地思考自己的經驗和技能應該要發展什麼職業才好，以及思考應該獲得什麼技能才會對將來有幫助，

換句話說，只是熱血地喊著**「我什麼都可以做！」**或**「我會全力以赴！」**的人都會漸漸被社會淘汰。

一點一點累積足夠的經驗及技能，讓自己能夠立即回答「你能做什麼？」的問題是非常重要的一件事。

舉例來說，在由我指導研究論文的學生當中，有不少學生都具備**「會使用統計分析軟體SPSS」**、**「會構建資料庫」**等IT技能。

隨著遠距上班的普及，工作的型態也發生了巨大改變。

現在有愈來愈多公司採取**「工作型」**的工作型態，員工不必再上下班打卡，**只要能完成份內的工作，想在哪裡做、想什麼時候做、要做多少時間，都自己決定。**

實際上，日立製作所以及資生堂已經決定讓部分員工改用「工作型」的人事制度及人才管理。KDDI則在新的人事制度中引進了「工作型」人才管理。

當這樣的趨勢擴大以後，也許以後有愈來愈多的企業就會在需要進行某項專案計畫才招聘所需人才，專案計畫結束後便解散團隊。

工作型僱用在歐美國家已經非常普遍，企業不問員工的年齡或工作年資，而是重視個人能力、經驗和技能。

因此，在歐美國家求職或進行人事評估時，都會使用到總結了自己能做的業務內容、難度、技能及實績等等的「職缺敘述（Job Description）」。

之前也有外籍學生找我指導研究論文，這位學生寫了一份詳細的「職缺敘述」，內容長達兩頁左右。

其中有些內容很明確，例如：他會哪一種程式語言等等，不過也有**「能夠成為人才培訓的導師」**等令人疑惑的描述，讓我覺得很有趣。

表達方式很重要，假如曾有過相關的經驗，其實可以寫出**「我能給下屬提供明確的建議」**、**「我能提供諮商」**等等，讓對方知道你有這樣的專長。

確定被聘用，真正開始工作之後，再努力磨練你的技能就沒問題了。要以這樣積極的心態看待，勇於嘗試各種挑戰，才能累積更多的經驗。


想必這樣的趨勢在今後的日本也會愈來愈明顯，請你們要做好**「沒有專長的人終會失業」**的心理準備，認真地思考自己的「職業道路」。

具體來說，其實就**只要將你現在做得到的事做得更好，不論是什麼專長都可以**，例如：提升英語會話能力並學習商務英語、加強 Excel 技能等等。

只要你能夠運用這些技能做出好成績，一點一點地慢慢累積起這樣的經驗，你一定會對自己愈來愈有信心，相信**自己有能力能做好這些工作**。


身懷技能與否，兩者之間的差別就在於如何運用工作時間以外

的「可自由支配時間」。

在可自由支配時間裡只會拿著手機或平板看影片、打遊戲的人通常很難學習到任何技能。

比起用同樣的時間去上面授課程，練習與英語母語者進行對話的人，他們與對方的差距可說是顯而易見。

假日總喜歡一直打遊戲的人，不妨嘗試學習程式設計，看看自己能不能也設計出一款遊戲。

國內外都有很多人嘗試自己開發應用程式，其中也不乏小學生及老年人。

我們要去思考哪些事情是有價值的，也是這個社會需要的，並且不斷去挑戰自己或許也能做得到的事情。

只要像這樣累積技能和經驗，你的人才價值就會愈來愈高。

## 用數學鍛鍊「邏輯思維」

　　思考習慣是運用「自我驅動力」、「多階思考力」、「存疑思考力」、「通觀全局力」、「區分判斷力」、「跳躍思考力」、「微分思考力」等思考體力持續地進行思考。

　　也就是說，若要養成思考習慣，就必須先鍛鍊好思考體力。雖說我們在日常生活中就能有意識地鍛鍊，但如果想更快速地鍛鍊出思考體力，學習「數學」就是個非常有效的途徑。

　　尤其是**數學的應用題**，可以非常有效地鍛鍊我們的思考體力。

　　解題時，我們必須運用「通觀全局力」去掌握問題的全貌，並且使用「存疑思考力」去確認我們的答案是否正確。而且，還要發揮「微分思考力」進行答案反饋，發現答案有問題的話，才能重新再去思考一次問題。在預測答案時，只要發揮「多階思考力」思考是否要使用函式或方程式解題，還能夠提高答案的準確度。

　　舉例來說，有一道數學應用題的題目是「一共有5顆蘋果，小狗吃了2顆蘋果，小貓吃了蘋果旁邊的1顆橘子。請問還剩下幾顆蘋果？」

　　若運用「通觀全局力」，我們就會知道「只要回答剩下的蘋果數量即可」，運用「存疑思考力」則是能讓我們確定

「小貓吃的是橘子而不是蘋果」。

而且，透過發揮「微分思考力」，我們就會詳細思考：「我本來覺得是剩2顆蘋果，但題目說原本有5顆蘋果，小狗吃掉2顆，小貓吃的是橘子，所以應該是……」重新思考答案是否正確。


另外，如果要鍛鍊「區分判斷力」，那就要做與組合或機率、統計相關的數學應用題。

例如，如果題目是**「請問從新宿前往澀谷有幾種交通方式或路線？」**這時可以回答「搭乘電車」，也可以回答「步行前往」。

這樣試著列舉出各種選項，就能鍛鍊出我們的「區分判斷力」。


而且，能證明「從這裡到那裡的路徑沒有錯」，就是數學的「定理」。

例如：已知直角三角形的兩邊長，就能求出第三邊長的「畢氏定理（商高定理）」等等。

經過證明的數學定理，過了一千、兩千年也絲毫不受動搖。只要知道這些定理，有時我們就能快速地跳過思考的階梯，一口氣達到自己的目標。


在日常生活中，假如我們明白各種**「在這樣的情況下肯定會發生這件事」**的定理，就能更好地應對各種問題。例如：

「下過雨的隔天，除濕劑會熱賣」

　　「當氣溫低於15度時，火鍋會開始熱賣」

　　「當氣溫高於22度時，啤酒會熱賣」

　　「當氣溫上升至27度時，冰淇淋會熱賣」

　　像這些都是被稱為「天氣行銷」的一種定理。


　　要透過經驗的累積，我們才會得到這些定理。你有沒有自己去觀察、研究或分析過人類的行動有什麼固定的規則？

　　若是你平時就會去觀察日常生活中有哪些對工作或個人有幫助的定理，說不定真的會讓你發現什麼有趣的事物。

　　在這個變化莫測的時代，更要思考什麼是不會輕易改變的。能做到這一點的人通常更容易獲得成果。


　　假如你要鍛鍊思考體力，我會建議你去做國中入學考試程度的數學題。買一本數學題本，一題一題解答以後，也許你就會發現自己的思考開始不一樣了。

第 3 章

不被「資訊」
迷惑的
思考習慣

# 停止讓思考過於單一的「小報式思維」

**覺得動腦思考很麻煩的人在遇到問題時，只會想著快點讓事情過去就好，所以做的判斷都很草率。**

這樣的人只會具備「小報式思維」，一點都不想動腦去思考任何比較複雜的事情。

小報指的是比普通報紙的尺寸再小一點的報紙。

這種小報的最大特徵就是用大大的字體寫出聳動標題，而且只用一、兩段文字簡單地總結近期熱烈討論的話題。

當提供資訊的人像這樣省略事件背景、簡化事件的內容時，接收資訊的人若不帶質疑地全盤接受，就會形成所謂的「小報式思維」。

這樣的思維可說是與「多階思維」或「微分思維」完全相反的「單層思維」。

例如，造成雷曼兄弟事件的導火線「次級房貸」成為當時最火熱的話題時，一般報紙通常都會以好幾個版面刊登經濟學家的採訪以及評論等等，詳盡分析次貸危機的成因。

相反地，小報則使用簡短的文句總結內容，並當作報導的副標

題，例如：「某金融機構的主管Ａ收取數十億的報酬」等等。

這些小報的報導內容會省略或簡化很多複雜但是重要的背景，只傳達一、兩件事時就結束了報導。

如此一來，沒有任何背景知識的讀者就會直接接受這些表面且片段的報導，以為自己這樣就算了解這個事件。

然而，這場衝擊全球經濟並在歷史上寫下一筆的雷曼兄弟事件絕對不是小報上幾句話說的那麼簡單。

**使用智慧型手機只閱讀新聞標題、看電視的新聞報導只看螢幕上的標題字幕，同樣也會形成「單層思維」。**

不加以確認內容，只看標題或結論就以為那就是全部的事實，這樣做等於是將自己的思維判斷交給他人。

更可怕的是**已經習慣「單層思維」的人都會把這種過於單純的思考方式視為理所當然。**

如果不持續思考一些複雜的事情，只會把事情的內容簡化，這樣不僅會忽略最重要的部分，還可能產生錯誤理解。

舉例來說，假設你的下屬Ａ經常出包。

思考過於單純的人可能就會覺得：**「Ａ的性格粗枝大葉，不適合做這份工作，應該把他調到其他職位比較好。」**

然而，這樣的想法可說是極為輕率。

A一直出包有可能是因為身為主管的你下達的指令不夠清楚，或者是其他資歷較深的同事也把一些工作交辦給A，以致A的工作量超過負荷。

　　雖說結果都是A經常出包，但造成的原因可能不只一個。

　　若我們只靠單層思維就做出判斷的話，說不定這個判斷會影響到A往後的人生。

　　特別是重要的大事，更必須謹慎地使用「多階思考」進行判斷。

　　有個很好的方法可以幫助我們擺脫單層思維，那就是做程式設計。

　　在程式設計中，只要一個程式碼有誤就會產生「程式錯誤（Bug）」。程式錯誤是程式設計上的漏洞，程式碼有誤會造成程式停止，無法繼續進行。所以，只要發現程式錯誤，就必須回頭確認並修復錯誤。

　　也就是說，學習程式設計，能讓我們在每一次發現程式錯誤時就回到問題點思考**「為什麼會出現錯誤」、「哪一個部分出現錯誤」**。這個反覆修復程式錯誤的過程，就是在練習如何找出重要的部分。

　　因為，即使是做自己覺得對的事，肯定還是會在某些方面出錯。

# 思考時要分清「事實」與「意見」

這裡要問你一個問題。

當許多媒體都在熱烈討論**「AI會搶走人類的工作」**或**「人類會輸給AI」**的話題時，你是否想過：**「完蛋了，我以後還找不找得到工作啊？」**

還是，你心想：**「這應該不可能吧？」**對於這些話題抱持有些懷疑的態度呢？

第一種反應是立即接受他人的意見，仍不具備思考體力。

相反地，第二種反應則是已具備「存疑思考力」，通過了思考體力的第一個階段。

接著，會不會去**確認「AI會搶走人類工作」的這則資訊是否為事實**，才是最重要的一點。

在下一步的行動中，能在思考時區分「事實」與「意見」的人，都是具備「存疑思考力」且懂得運用「微分思考力」的人。他們會確認證據，用來判斷哪些屬於「事實」，哪些屬於「意見」。

「意見」是任何人都能自由發表的，所以我們不應該輕易地相信任何意見，而「事實」則禁得起任何質疑。

只有會主動搜尋專家的研究資料等等，確認相關證據的人，才

會理解 AI 終究無法做到與人類具備同樣的思考。

AI 的處理能力有限，所以還是無法完全應付現實生活中的所有情況（Frame），稱為「框架問題」。

例如：許多日本人都知道「在公司的飲酒聚會中，新進員工應該坐在入口附近」是一種社會禮儀。

人類世界有非常多這樣的潛在規則，而我們在成長的過程中就會逐漸學會這些規則。但是，AI 必須去逐一學習這些知識，否則就無法根據各種情況做出適當反應，因此人類也必須要耗費相當大量的時間讓 AI 去學習數量龐大的資訊。

假如是不需要進行思考的機械化作業，那麼確實是很有可能使用機器人代替人類進行這些工作。

然而，這個世界上仍然有許多工作是只有人類才能做到。

我在這一段內容中舉了 AI 的例子，而我在寫書時也會注意**自己是否根據證據在進行思考**。

因為，一旦不清楚有些部分是「事實」還是「意見」，負責校對的人就會來問我：「請問關於這個說法的證據是什麼呢？」

遇到這種情況時，我就會找出作為證據的相關資料，告知對方：**「這本書是這樣寫。」**或是：**「那份論文的研究內容可以當作參考。」**

當我們能自己獨立做到這一點，我們的「存疑思考力」便會顯著提高。

請你也想像自己的腦袋裡住著一位擁有「存疑思考力」的校對人員，讓自己習慣去確認每一件事「是否為事實」。

　　我在檢查論文時的重點之一，就是檢查自己當時在思考時是否分清「事實」與「意見」。

　　說明內容清楚呈現出「對於這項事實的個人意見」，讓讀者清楚明白事實與意見的差異，是成為科學家的第一步。

　　寫論文的人如果沒經過這樣的訓練，寫出來的論文就容易混淆「事實」和「意見」，讓人連讀都不想讀。

　　想要練習分清「事實」與「意見」的話，不妨讀一讀這一本《FACTFULNESS　10の思い込みを乗り越え、データを基に世界を正しく見る習慣（真確：扭轉十大直覺偏誤，發現事情比你想的美好，暫譯）》。

　　這本書有關於教育、貧困、環境、能源、醫療、人口問題等各方面的最新統計資料，能讓讀者意識到自己有很多事情都是在不了解事實的情況下就產生誤解及錯誤認知。

　　日本的政府部門也開始推動以事實為判斷依據的行動。

　　2017年，日本政府決定推動「EBPM」（**Evidence Based Policy Making，以證據為基礎的政策制定**）。

　　或許你可能會想吐槽：**「難道政府過去制定政策都沒有依據事實嗎？」**但換個角度來看，這也許是**象徵如今已不再是光靠「意見」就能讓人接受的時代。**

只憑「意見」就能被接受的工作，大概只有一些需要個人主觀意見的特別情況，例如：脫口秀節目上的評論員等等。

而在商業世界裡，請注意千萬不要只憑個人主觀或意見就輕易地做出判斷。

# 要懷疑「常識」及「一般來說」

不重視「事實」的人都有一個特徵，那就是容易被「常識」綁架。

例如：公司經營不順時，不少經營者都會求助經營顧問。

因為，一般來說都認為經營顧問是這方面的專家，所以很多人都會被這種「常識」綁架，以為只要向這些專家尋求建議就能改善經營。

之前，有位公司的主管與我分享他們的經驗。

公司之前發現工廠生產的產品有大量的不良品，進行調查後，卻找不到確切原因，於是決定拜託經營顧問找尋原因並提出解決辦法。

受委託的經營顧問最後做出「公司的設計流程有問題，應該引進3D CAD軟體」的結論。

一般來說，工廠出現大量不良品通常都與公司頻繁更改產品設計有關，所以如果能引進3D CAD軟體，在正式生產之前進行生產模擬，便能避免錯誤。

照理來說，這個建議應該是沒有錯。只是，引進3D CAD軟體

必須花費好幾千萬日圓。

所以，公司老闆便發揮他的「存疑思考力」，他不完全相信顧問說的話，並且再次檢查所有的不良品，希望徹底找出真正的原因。

這時，他繼續發揮「區分判斷力」與「微分思考力」，詳細地確認經營顧問所言是否為真。

結果，他們發現不良品的出現幾乎都與設計變更無關，而是生產過程中一直出現以往的錯誤。

簡單來說，以前出錯的員工並未將失敗的經驗充分地轉達給其他人知道，後來才會一直出現同樣的錯誤。

此外，他們也發現生產部門並未整理好出錯時的生產數據，所以後來負責的人就延續先前的錯誤。

也就是說，生產大量不良品的原因在於最基礎的交接失誤，與產品變更設計完全沒有關係。

而且，那位經營顧問根本就沒有前往工廠，只根據書面資料就提出建議，要這間公司引進3D CAD。

後來，這間公司再也不相信經營顧問，整間公司上下也都貫徹**「不以常識做判斷，要根據事實去判斷」**的經驗。這一點正是豐田公司所重視的**「現場、現物、現實」**的三現主義。

再分享一個也是我聽過的案例。

之前，有一間製造商希望提高日本國內的物流效率，於是向經營顧問尋求建議。

受委託的顧問提出「要先建立大型物流中心，將商品集運到物流中心，再配送到各個地區」的建議，這也是業界中最常被提出的解決辦法。

不過，就跟前面提到的引進3D CAD一樣，必須斥資鉅額才能建立物流中心。

這間公司無可奈何，只好斥資鉅額興建物流中心，結果庫存量反而愈來愈多，巨額的虧損讓公司差點就破產。

以這個案例來說，建立物流中心並沒有錯，但錯就錯在那名顧問並未提出建立物流中心之後的管理方式。

由於這間公司不清楚物流中心的管理方式，工廠生產的產品就一直滯留在物流中心，形成了大量庫存。

最終，這間公司盤點了庫存，並發覺公司的鉅額虧損以後，便發揮「跳躍思考力」，果斷地關閉物流中心，據說後來成功扭轉經營困境。

公司主管非常懊悔地表示：「我們真不應該諮詢什麼經營顧問，更不該照著他們的建議來做。」假如他們當時具備「存疑思考力」，或許不會造成如此慘痛的損失。

成立物流中心的確是有助於提高物流效率。實際上，也有不少

公司是正因為成立物流中心才成功提高物流效率。

如今，透過物流中心集中管理庫存，再經由物流中心將商品配送到消費者手中，這樣的出貨方式絕對已成為經營製造業的人所接受的常識。

不過，這種方式如果要成功，就必須有一定的專業。

若是未建立起足夠強大的物流網路，完整掌握從每一件產品的採購、製造到配送給消費者的所有資訊，那麼就算建立起物流中心也很難提升物流效率。

以上的案例皆傳達一件很重要的事：無論對方是再怎麼厲害的專家，人都**「不應該輕信及盲從別人的話」**。

經營沒有絕對的通用法則。能讓其他公司成功的經營方法不一定完全適用於自家公司的經營。

就像天底下沒有萬靈丹一樣，無論是關於人還是工作，想知道真正原因就必須自己先徹底查明事實。

**「我知道別人是這麼改善的，那麼換成我的話呢？」「什麼樣的方式才是真正適合我們的公司呢？」**我們都應該培養出將凡事代入「自己」再思考的習慣。

# 看透「數字」與「資料」的真相

你對數字的感覺敏銳嗎？

如果你**覺得自己對數字的感覺不是很敏銳**的話，那接下來的內容對你來說格外重要，請千萬不要跳過。

我在前面說過「證據很重要」，但太輕易相信出處不明或統計方法不清楚的數字或資料，也可能會被錯誤的資訊誤導。

跟各位分享一個我8年前左右的經驗。

當時有一則「LED燈泡」的廣告標語寫著「LED燈泡普及率將近7成」。「7成」算是很高的比例，所以我看了廣告就以為大部分的燈泡都汰換成LED燈泡。

可是，我留意一下周圍的燈具，卻發現幾乎都不是使用LED燈泡。我的「存疑思考力」開始發揮，心裡想著：**「好像哪裡怪怪的？」**

於是，我去研究「7成」這個數字是怎麼來的，發現指的是**「LED燈泡的銷售額占了67％」**。

LED燈泡的價格大概是白熾燈泡的30倍，所以廣告只看銷售金額就說LED燈泡的「普及率將近7成」。

提到「普及率」，通常我們都會聯想到數量，我查了一下當時使用LED燈泡的數量以後，發現實際上只有27％。

這個數字的確比較符合我實際看到的情況，但廣告使用「27％」這個數字可能就達不到宣傳效果。

因此，這則LED燈泡的廣告就投機取巧地利用數字的陷阱，讓消費者產生大部分燈泡都已經汰換成LED燈泡的印象。

此外，日本農林水產省公布的「糧食自給率40％」也是一組容易讓人誤解的數據。

很多人看到這個數字可能都會開始擔心，覺得**「日本出現了糧食危機」**或是**「要是日本不能進口糧食的話，那就完了」**等等。

不過，我們經常看到的這個「糧食自給率40％」，其實是「以熱量為基準」計算的數字。

假設我們以2017年的糧食自給率38％*來計算。

如果日本人一天攝取的總熱量為2445大卡，那麼透過日本國產糧食攝取的熱量就是2445乘以38％，也就是929大卡左右。

※出處：「日本的糧食自給率」日本農林水產省

另一方面，日本當年的糧食總消費額為16.6兆日圓，日本國產糧食的生產額為10.9兆日圓，若以「生產額為基準」進行計算，也就是10.9兆日圓除以16.6兆日圓，得到的糧食自給率則有66％左右。

假如是以生產額為基準的話，我們可以發現日本的糧食自給率絕對不算低。而且，其他國家公布的糧食自給率大部分也都是以生產額為計算基準。

像這樣具備「微分思考力」是非常重要的事，有助於確認數據的出處及統計方式，並看透數字的真相。

關於「日本糧食自給率為40％」還有一點要注意。

這個數字同時還是稻米、蔬菜、肉類、水果等各種作物的糧食自給率「平均值」。

日本的稻米自給率是97％，大麥是9％，大豆是6％（2018年）。

而且，這些作物有些屬於主食，有些比較偏向嗜好品；同樣是100克的重量，有些糧食的熱量高，有些糧食的熱量則比較低。

實在不懂把這些糧食放在一起計算平均的意義何在。

有不少情況都像這樣，如果不深入探究，就算知道了平均值也沒什麼意義。

假設你聽到「**這個班的平均分數是50分**」就認為「**這個班的學**

生的程度都很平均」的話，那你可能就要小心，因為這樣想的人都容易被數字誤導。

假如一個班級全是「**超級資優生和完全不讀書的學生**」，且0分和100分的人數各半，那麼這個班級的平均分數就會是50分。

所以，平均值比較適合用於表示實力相當的群體，但像是在這種存在0分與100分極端數值的情況中，計算平均值就沒有意義。

若要更準確地了解這種數值差異極大的數值集合，使用「中位數」會比較具有參考價值。

中位數也稱為「中央值」，將成績從最高排到最低時，最中間的那個數值即為中位數（請詳見95頁）。

這時，只要確認這100人當中第50個人的分數，就大概可以掌握這個數值集合內的情況。

像是關於投資，如果有人說「**我們公司的報酬率平均是○○%**」，像我這樣對數字比較敏銳又具備「存疑思考力」的人就會覺得「**只提平均肯定有鬼**」。

因為，很有可能只是某些高風險高報酬的產品碰巧運氣好賺了錢，但絕大部分的產品都沒什麼報酬。

所以，這時候一定要問對方：「**那麼統計分布呢？**」「**中位數又是多少？**」才能真正確認整體的趨勢。

# 用中位數了解數值的趨勢

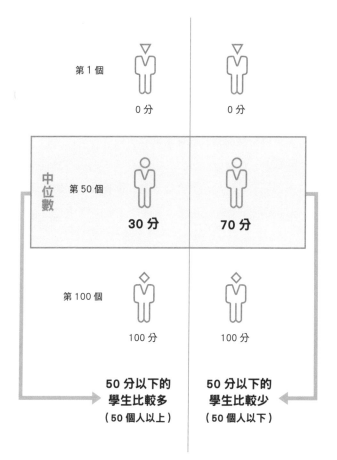

第 1 個　　　0 分　　　0 分

中位數　第 50 個　　**30 分**　　**70 分**

第 100 個　　　100 分　　　100 分

**50 分以下的
學生比較多**
（50 個人以上）

**50 分以下的
學生比較少**
（50 個人以下）

## 蒐集「優質資訊」，掌握事物本質

有些人總能在關鍵時刻精準無比地掌握事物本質。

許多經營者、運動選手以及職業棋士都是如此。

之前有幸與日本知名的經營學者野中郁次郎先生交談，有一件事讓我非常感動。

野中先生是經營學界的大師級人物，被譽為「知識管理的拓荒者」，而他本人則非常親切和藹。有一次，我向野中先生請教一個難題。

**「AI是現在的熱門話題，您覺得有什麼事只有人類做得到，但AI無法做到的嗎？」**

野中先生聽了之後回答：**「這問題的答案很簡單，那就是共情啊。」**

野中先生以「共情」二字瞬間指出這件事的本質時，我感受到野中先生的「通觀全局力」，再次對這位偉大的經濟學家感到由衷敬佩。

野中先生做過許多關於國內外各個企業的經營研究。

在研究過程中，他也收集到許多有關企業經營的珍貴資料。

他發現，西方企業較重視能夠以文章、圖表、數學公式等進行

說明和表達的「外顯知識」，而日本企業的文化則相對重視「內隱知識」。

他認為日本企業的強項在於成功結合「外顯知識」與「內隱知識」，並且運用於企業經營，後來也根據這一點提出了「SECI模型」的理論。

想必正是因為野中先生擁有如此成就以及豐富的見識，才能讓他立刻答出「共情正是人類的強項」吧。

不論是哪個專業領域，總會有人在前線發光發熱，而我們則能從他們口中，獲得許多網路上找不到的一手資訊以及現場的聲音。

像是參加經營者聚會時，就常聽到其他人用**「不瞞你們說，其實……」**開頭，互相交流各種珍貴的資訊。

我偶爾也會參加這樣的聚會，有時在洗手間碰到其他人，我們可能一打開話匣子就停不下來。

甚至一聊就是10分、20分鐘。

只要獲得愈多可靠的資訊，就能漸漸培養出持續思考孰真孰假的思考習慣。

因此，以「通觀全局力」掌握本質的能力也會愈好。

我經常告訴學生要讓自己**「具備很多網路上找不到的知識」**。

我之前在大學開設一堂為期半年的課程時，我的課程說明是**「這堂課的內容都是網路上找不到的知識」**，結果申請上課的人一口氣就超過100人。

頭腦聰明的學生都很敏銳，那些自學就能懂的課程內容已經吸引不了他們的興趣。

　　書裡面的內容只要讀過了就會懂。

　　網路上的資訊只要上網看過就會懂。

　　所以，我認為要在課堂上提供學生沒辦法輕易獲取的資訊才有意義。

　　接觸許多優質的資訊，有助於我們培養在這個複雜的社會裡洞察事物本質的眼光。

# 第 4 章

# 做出
# 「最佳判斷」的
# 思考習慣

# 訓練出 AI 也模仿不來的人類「直覺」

假如要把我的書配送給住在不同地區的3000人。

AI知道如何安排順序才能在最短的時間內送達嗎?

這個問題的答案是「不能」。**AI沒辦法找出最佳的配送順序**。

專業術語稱之為「旅行推銷員問題」,就算用電腦進行計算,也需要好幾百年的時間才算得出來。

不過,有些經驗老道的專業配送員只要靠著「經驗和感覺」,就能大概知道如何安排配送路線才是最省時省力。

搬家公司的專業打包人員也是如此。

他們只要看一眼房子裡的物品,就能瞬間判斷出需要安排2噸貨車還是4噸貨車。

專業術語稱之為「裝箱問題(Bin Packing Problem)」,也跟上述的配送順序問題一樣,存在著無數種的組合,AI就算耗時數百萬年也無法解決。

但是,人類不需一一考慮所有的排列組合,憑「通觀全局力」就能在看到房屋物品的瞬間抓住整體和本質,正是人類的終極才能。

提到「感覺」，人們常會聯想到第六感，更準確來說應該是「直覺」。

要鍛鍊這種直覺，需要用思考體力累積經驗。

俗話說：「**寧吃少年苦，不受老來貧。**」趁年輕時多累積一些經驗，就能夠慢慢地磨練出不須按照邏輯思考也能做出判斷的直覺。

我有個朋友的直覺非常地敏銳。

他是一家中小企業的老闆，公司的員工只有幾個人。在決定重大的經營決策時，他幾乎都是憑著直覺。

當時他們經營一家店，生意非常好，後來考慮要不要貸款5000萬日圓開第二家店時，老闆最後堅持維持現狀，認為「現在不宜展店」。

2年之後，他們的生意開始變差，老闆慶幸地說：「還好那時候沒有多開一家店。」

除此之外，我也聽說過很多類似的案例。

那麼，這位老闆是真的完全憑著直覺在做決定嗎？其實並不是這樣。

雖然他看起來好像只憑著直覺在做決定，但實際上他是靠著非常縝密的理論去發揮他的「區分判斷力」。

在看到他隨身攜帶的筆記本時，我就知道了這一點。

我看到他發揮「多階思考力」、「區分判斷力」、「通觀全局力」及「微分思考力」，在筆記本上寫下公司經營的所有可能性，內容

詳細到令我嘆為觀止。

我還發現，他是運用心智圖將他聯想到的事情一一寫在筆記本中。

心智圖是英國教育家托尼・布贊提出的輔助思考工具，方法是一一寫下聯想到的詞彙，並連接起因果關係。

透過使用心智圖，我們就能洞察多重的因果關係，藉此釐清腦中的思緒。

看到他在筆記本中畫出關於各種情況的心智圖以後，讓我不禁讚嘆：「**其實只要像這樣梳理出各種可能性，當然就能憑直覺做出正確判斷。**」

他一直反覆地在進行這樣的持續思考訓練，難怪能在面對重大決定時也毫不猶豫地做出選擇。


每個人都擁有直覺，但「精準的直覺」並不是一朝一夕就能養成。

平時還是必須有意識地用各個角度去看待問題，透過書寫及反思，才能建立起我們的思考習慣。

# 不放過任何「細微變化」

有些人都會注意到一些絕不容忽略的重點，而這樣的人通常都能敏銳地察覺到「細微變化」。

在我參與改善行動的工廠中，曾發生過一件事。

那是一間製造椅子的工廠，工廠內有分別安裝椅背、扶手、椅腳等等的生產線，每個工人都排排站好，負責各自的工作。

那一天，工廠一如往常地進行作業，有位資深的工人突然對新進工人說：**「你不覺得今天有些奇怪嗎？」**

新進工人回答：**「有嗎？我都有按照平時的步驟在安裝椅背喔。」**資深工人接著說：**「我不是說這個。你聽，右邊傳來的聲音跟平常不太一樣吧？」**然後又仔細地再聽一次。

那名新進工人可能太專心做他手邊的工作，所以完全沒有察覺任何異常。

但是，那名資深工人堅信一定哪裡有問題，於是他向周圍的人下達指令：「全部的人都停下手邊的工作！」

檢查以後發現，這條生產線起點的機器果然出現了故障，一直持續在製造出不良品。

由於機械故障，所以才會從平常的「嘎吱嘎吱」聲變成了「嘎

「喀嘎喀」聲。

要是這名資深工人只專注於自己手邊的工作，沒有發揮「通觀全局力」去注意細微的變化，工廠最後也許就會生產出大量的不良品。

我在德國時也曾有類似的經歷，幸好當時成功逃過一劫。

那次，我與朋友開車出門兜風，車子一上高速公路，我就覺得引擎的聲音聽起來跟平時不太一樣。

於是我問朋友：「**你不覺得今天的車子怪怪的嗎？**」朋友卻不以為意地說：「**我覺得沒有啊。**」

但我還是覺得不太對勁，最後我說服他開下高速公路，然後到附近的修車廠檢查一下。

結果，發現車輪的軸承有嚴重裂痕。

如果繼續行駛的話，輪胎很有可能開到一半就鬆脫，然後整個噴飛出去，後果不堪設想。

這兩個例子的共通之處就在於敏銳察覺到「與平時有所不同」，而且不論是多麼細微的變化，都會透過「存疑思考力」以及「通觀全局力」去確定原因。

有很多職業都需要具備迅速察覺細微變化的能力。

例如：服務業。以客戶為第一優先的工作都需要具備「通觀全局力」、思考自己的服務是否能滿足客人需求的「存疑思考力」，以

及針對各種不同的情況採取不同對策的「區分判斷力」。

之前，我受邀前往仙台演講，下榻某一間飯店時，飯店的經理跟我說：

「專業的飯店人員能迅速察覺客人是否需要啤酒或水，並在客人開口之前就主動提供給客人。只要這樣的專業接待人員愈多，就愈能讓客人滿意我們的服務。」

聽他這麼一說，我才發現確實如此。在所謂的「一流」飯店或是餐廳裡，我幾乎不用主動跟服務人員提出「請幫我添水」或「請幫我再倒一杯茶」等要求。

在顧客至上的服務業中，這些飯店及餐廳訓練員工具備細心觀察的「通觀全局力」，甚至也能留意到是否該添茶倒水的細微變化，著實令我欽佩。

人際關係也是一樣，有時若是忽略了對方的細微改變，也可能讓人追悔莫及。

自從改成遠端工作的模式後，我們在線上會議室就只會討論工作的事情，很少閒聊。結果，有個研究室的成員突然就說他要退出研究，讓我嚇一大跳。那時只在線上會議時才會看到他，所以我並未察覺他的細微變化。假如當時跟他有多一點面對面交流的機會，也許我就能早一點發現他的變化。

後來，我在線上會議中都會保留自由交流的時間，不再一講

完工作的事情就急著結束會議，而是好好地留意每位成員的細微變化。

除此之外，有的人會注意到自己身體出現了細微的變化，有的人卻完全沒有感覺。

就算真的覺得胃還是其他部位不太舒服，**有的人也會認為這沒什麼要緊，有的人則會開始留意最近是否經常出現同樣的症狀，並且及早就醫。**

相比起來，當然是後者能夠及早發現不可忽視的問題，兩者的壽命肯定也因此不同。很多疾病雖然都會危及生命，但只要早期治療，還是有機會痊癒。

總之，平時就應該具備一定的敏銳度，好讓自己察覺任何細微的改變，才能及早發現並及早解決問題。

# 最重要的是鍛鍊「區分判斷力」

不知道該如何做判斷時，最能派上用場的思考體力就是「區分判斷力」。

舉例來說，當眼前有許多選項，想整理一下思路時，最有效的方法就是國小教的「集合論」。

在「集合論」的分類方法之中，最容易理解的就是「MECE」分析法，這個詞是取自**「Mutually（相互）、Exclusive（排他）、Collectively（整體）、Exhaustive（全面）」**的字首，意指**「相互獨立，沒有遺漏」**。

MECE原本是經營諮商領域使用的概念，現在主要應用在市場行銷。

舉例來說，如果按照年齡、性別、有無工作等可以完全區分的項目劃分出各個集合時，就不會出現重複。

但如果將日本的地區劃分為**「九州、關西、奈良、京都、近畿……」**的話，結果會怎是麼樣呢？

奈良和京都屬於關西，所以劃分會出現重複，就無法做出準確的判斷。

**「勞動者、學生、無業者」**的區分方式也有問題。因為有些人

會半工半讀，這樣就會出現重複。

在企劃新商品時，也可以將**價格、功能、銷售對象**等項目細分化，並利用MECE進行分類，以便與競爭產品做出差異。

這是「區分判斷力」的基本，不僅適用於工作，還能應用在個人興趣、讀書學習以及各種事物上。

例如：喜歡美食的人可以利用MECE將自己去過的餐廳按照**「口味、價格、氛圍、服務、清潔度」**等等進行分類，這樣就可以明確知道自己滿意的點，以及喜歡哪些條件的餐廳。

之後，只要根據這些條件去選擇符合的餐廳，應該都會得到相當滿意的體驗。

如果你是業務員的話，使用MECE將你的客戶進行分類以後，或許也會得到有趣的發現。

而另一種完全不同的分類方法，就是前面提到的**心智圖**。

覺得思緒很混亂，好像知道又好像不知道時，就把想到的都寫成文字，這樣就可以一邊確認有沒有遺漏，一邊增加我們的選項。

若要解決問題，就必須有能夠比較或討論的材料，否則就無法做出適當的判斷。所以這時就可以使用心智圖一一列出想得到的所有選項。

# MECE 的 4 種形式

外側四個角為全部

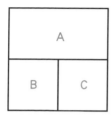

MECE
（無遺漏，無重複）

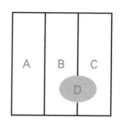

無遺漏，有重複

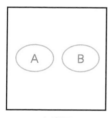

有遺漏，
無重複

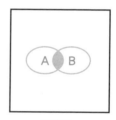

有遺漏，
有重複

（引用：《MBA100 的基本》東洋經濟新報社）

舉例來說，當我們試著去思考「**為何會發生霸凌**」的問題時，一開始可能只會想到「缺乏同情心」。

　　這時，就要進一步去思考「**為何會缺乏同情心**」。

　　這樣一來，應該就會想到一連串的原因，例如：「**家庭教育**」、「**缺乏與朋友相處的時間**」等等。


　　若要掌握「區分判斷力」並且做出正確的選擇，同時也必須具備相當的專注力。

　　請各位一起來做個簡單的測試。

　　現在，請你們用3秒鐘看一下右頁的插圖。


　　好，我現在要問你們一個問題。

　　假設現在要你回想剛才在右頁看到的插圖，然後用你記得的食材做一道料理，你能做出什麼料理呢？


　　……

　　……


　　想好了嗎？你能做的料理是什麼呢？

　　每一個人記住的食材都不同。

　　也就是說，當你特別留意哪些食材，你就比較容易記住那些食材。

　　而你記得的食材愈多，你能做的料理也就愈多；反之，你記住

的食材愈少，你能做的料理就有限。

　　舉例來說，假如你記得食材有馬鈴薯和雞蛋的話，那你可以做馬鈴薯沙拉，而你如果記得馬鈴薯、胡蘿蔔和洋蔥的話，那麼你可以做成咖哩或是燉菜。

　　也就是說，當你留意的事情愈多，你能夠做的選擇也會隨之增加。


　　這裡還有一個測試可以看你對事物的注意程度。

　　題目在右頁，請你試試看畫出正確答案。


　　……

　　……


　　你的答案是正確的嗎？

　　大多數人的答案都像「錯誤」的範例圖一樣，以為畫到這個房子形狀就畫完了。

　　請仔細看一看「正確」解答圖，你會發現「錯誤」的範例圖比正確解答圖少了兩條線。

　　大部分的人都會不小心就忽略掉某些細節，所以我們平時就應該有意識地訓練自己的注意力，才不會讓自己錯失選項。

**題目** 現有 a～e 共 5 個點，
請用線將全部的點連起來。

**解答**

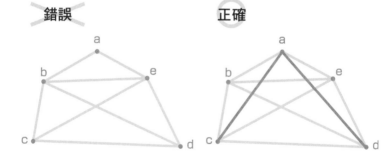

很多人都以為這樣就是
正確答案

還要連接 ac、ad 才是
正確答案

日常生活中也有一些方法可以有意識地訓練注意力。

例如：看到別人的書桌或某處的風景時，請試著迅速閉上眼睛。

閉上眼睛後轉過身，然後睜開眼睛並寫出你記得的所有細節。

多做幾次這樣的訓練之後，你就會發現自己的注意力變得更集中。


「區分判斷」的關鍵就在於資訊量的多寡。

我每次帶著學生去工廠參觀時，除了認真聆聽導覽人員的解說以外，我還會去留意其他沒講解到的部分。

我會提出**「請問那邊的那一台機器有什麼功能？」**等問題，讓自由提問時間變得更加充實，獲得更多知識。

此時是發揮「通觀全局力」的好時機。而平時則要有意識地留意周遭的各種資訊，不能只看到眼前的事物。

# 以「區分判斷力」篩選出所有選項

不知該如何抉擇時，若要做出對於自己而言的「最佳選擇」或「正確解答」，必須運用哪一種思考體力呢？

首先應該發揮「區分判斷力」，按照不同的情境去思考，找出更好的選擇。

如果我們想在某件事上做出對自己最好的選擇，首先要做的就是要按照這3個步驟列出所有選項。

1. 列出選項，愈多愈好
2. 針對各選項進行預測
3. 寫出各選項的優缺點

那麼，我就來分別說明這3個步驟。

首先是「列出選項，愈多愈好」。

舉例來說，假設跟公司合作的廣告代理商為公司的產品提出了3種廣告方案。

最終採用的方案則會對商品銷量產生一定的影響。

此時，請務必先發揮「存疑思考力」，思考是否真的只要從這3

個方案之中做出選擇就好。

畢竟這3個方案只是廣告代理商提出的想法，不能保證最適合產品的廣告就在這些方案之中。

列舉選項時有一點要特別注意，那就是「定義要明確，清楚區分出各個選項」。

像在這個選擇廣告的例子中，就應該先以「區分判斷力」區分出不同的廣告概念，再思考要列出那些選項。

除此之外，像是關於**「在日本關西地區拓展業務」**等問題，由於「關西地區」的定義不是很清楚，每個人的理解可能會有落差，所以在做選擇時就會產生疑問。

若是能發揮「微分思考力」，以**「大阪、京都、兵庫」**等行政區的方式來劃分，選項就會就會更清楚。

以「在關西和奈良拓展業務」來考慮時，由於奈良本來就包含在關西地區之中，所以並不符合MECE。

在列舉選項時，還有一點需要注意的就是「不要輕易放棄」。

假設你列出10個選項，而且可能嘗試以後發現全部都不可行。

即使如此，還是不能輕易放棄，而是要發揮「多階思考力」持續去思考還有沒有其他可行的選項。

請記得「思考是無限的」，只要我們能夠不斷地持續思考每一件事，就會有無限的選項等我們去發現。

而在進行重大的抉擇時，則需要格外謹慎執行第2個步驟的「針對各選項進行預測」。

在進行關於工作的重大抉擇時，可以問問自己：

**「選擇A的話，1年後可能會有什麼發展？」**

**「選擇B的話，3年後會變成怎樣？」**

要善用各種資訊，並且盡可能地運用「區分判斷力」和「微分思考力」進行預測。

而且，還要發揮「多階思考力」，思考至少3個層級的內容。

假設你現在有好幾間公司的工作可以選擇，這時你可以寫出在每一間公司要做的工作、你能預期的職業發展，以及1年、3年、5年後的未來，然後進行比較。

這樣一來，你就能整理出每一間公司的求職資訊，並且能夠清楚看出哪一間公司最符合你的條件。在整理這些資訊時，關鍵就在於「實際寫出來」，不要只是在腦袋中思考，而是要把你的想法都寫在紙上。

第3個步驟「寫出每個選項的優缺點」也是在整理各個選項的比較條件時不可或缺的步驟。例如：

**A公司是大企業，目前相對穩定（優點），但升遷可能需要較長時間（缺點）。**

**B公司是新創公司，工作可能更具挑戰性（優點），但工作量可能很大（缺點）。**

**C公司是外商公司，薪水很高，而且能提升英文能力（優點），但屬於非正式雇用（缺點）。**

只要像這樣運用「區分判斷力」把自己想到的優缺點都寫出來，我們就會得到有助於做出判斷的材料，讓我們能更詳細地進行比較與思考。

要做出最佳選擇，就必須按照這3個步驟運用「區分判斷力」。先列出各個選項，然後對每個選項進行預測，並且比較各選樣的優缺點，這樣我們才能從各個方面去思考出最好的選擇。

在思考及比較選項的過程中，還要對照**「想做的事」**、**「不容妥協的事」**等核心價值，進而做出最佳選擇。

# 遲疑不決的話，就用「善惡」來判斷

前面提到若要做出最佳選擇，就必須按照步驟運用我們的「區分判斷力」。

但如果我們還是不知道該選擇哪一個，應該怎麼辦才好呢？

此時，我們可以用3個重點來判斷哪個選項是最佳的選擇。

重點① 考慮雙重標準

重點② 選擇困難的話就用「善惡」來判斷

重點③ 用長期和短期來考慮

以下是針對各個重點的具體說明。

首先是重點①「考慮雙重標準」。

當我們在運用「區分判斷力」考慮要選擇哪個選項時，其實可以給自己訂一個「雙重標準」的判斷基準，靈活運用兩個完全相反的選項。

我的人生策略就是這樣。

「壅塞學」是我畢生的事業，因此我給自己訂下的判斷基準是**「喜歡的工作要全力以赴，不必在乎報酬」**以及**「不想做的工作還是得做，不然沒辦法活下去」**。這對我來說就是最佳選擇。

我也常對學生說：「**你們的研究最好要有全壘打等級的研究，也要有安打等級的研究。**」

決定進行很厲害的研究主題，就像以全壘打為目標，當然也很好，但同時也要進行一些不是那麼主流但能打出安打的研究。這樣才有機會取得成果，獲得研究經費。

所以，就算選擇要做安打等級的研究主題，也應該同時研究全壘打等級的主題。


重點②是「選擇困難的話就用『善惡』來判斷」。

假如怎麼想還是不知道要選擇這個好，還是那個好的時候，到底應該怎麼做呢？

我們通常都會用「**得失**」、「**善惡**」、「**喜好與否**」當作判斷的基準，但如果只考慮「得失」，往往容易被眼前的利益迷惑。

相反地，「善惡」指的就是好與壞，所以選擇好的那一方從長遠來看就是做出正確的判斷。走在正確的道路上的話，至少心理方面比較不會覺得那麼後悔。

雖然「喜好與否」也是一個選擇標準，但是感情用事也很容易以失敗收場。


戀愛就是最好的例子。跟自己愛得無法自拔的人結婚不代表往後的人生一定會幸福。很多怨偶都是欠缺冷靜的判斷就決定結婚，結婚以後才悔不當初。

**「我就是想做自己喜歡的工作。」**

**「我就是不想做我討厭的事情。」**

我知道有些人都會這麼想。

不過，有些你原本討厭或不擅長的事，也可能因為某些契機，就變成了你喜歡或擅長的事。

我記得在出版《真希望國中數學這樣教》以後，收到了很多讀者回函，他們都說很後悔自己當初因為討厭數學就不好好學習。

**「我在學生時代因為數學不好就完全放棄數學，現在覺得就是因為我沒學好數學，人生才會失敗。」**

**「我是因為數學能力不好，沒辦法找到好工作，所以才買您的書來重新學習數學。我真的很後悔自己當初因為討厭數學就不好好學。」**

每次讀到這些讀者回函時，我都會想：「數學是人生中最重要的武器，真的不應該因為討厭數學就完全放棄它。」

若因為某些契機而重新喜歡上原本討厭的事物，真的是很幸運的一件事，但如果一直堅持自己一輩子都討厭它，而錯過重新喜歡上它的機會，那就太可惜了。

最後是重點③「以短期與長期的眼光來思考成果」。

最近有一件事讓我很在意，那就是我覺得人們愈來愈傾向以**「得失」**做判斷。

然而，就算我們進入一間薪水給得很高的公司，也不能保證我們一輩子都會持續做這份高薪的工作。

年輕人還有重來的機會，就算後來發現一開始的選擇是錯誤的，還是能夠重新調整方向。

不論面對多麼大的誘惑都能選擇最適合自己的道路，想必只有這樣的人才能過著心滿意足的「美好人生」吧。


當然，身處在像日本這樣奉成果主義至上的社會裡，有時確實很難僅憑**「善惡」**來判斷事物。

儘管有些事情從長遠的目光來看是有利的，但很多時候往往會讓人覺得「哪有那麼簡單」。

當今的日本不論是商業世界還是其他的各行各業，人們都過度追求短期的成果。

然而，我卻覺得只靠追求短期成果來獲得收入的工作方式有非常大的風險。

不過，這也不代表只要追求長期目標就好，因為這樣做可能無法給自己帶來收入。所以，當我們在思考自己的人生戰略時，最好將短期：長期的比例設在 7：3。


像是經濟問題、環境問題以及人類幸福等等的重大議題，就需

要以長遠的目光去持續思考，而像是為了孩子的教育費而爭取升遷，則可用短期的視野去思索。

你不妨也試著在這兩個時間軸之間取得平衡，為自己制訂5年、10年後的計劃。

只要像這樣掌握好兩個時間軸的平衡，就能做好自己的人生規劃。


我很喜歡詩人相田光男的詩。

**「得與失是人的尺，真與假是佛的尺」**

其中有一首詩就是這麼寫的。

人類很容易拘泥於得失，但我們應該像佛一樣以真假來衡量與決定。

# 看準「引爆點」，避免最壞的情況

任何事物一旦超過某個臨界點後，就再也無法回到原本的狀態。

這個臨界點就稱為「引爆點（tipping point）」，物理學則稱這樣的狀態為「相變」。

出生於英國的專欄作家麥爾坎．葛拉威爾威爾在他的著作《引爆趨勢：小改變如何引發大流行》中，將引爆點定義為**「當某個想法、流行或社會行動超過一個門檻以後大爆發，如同野火般迅速蔓延的劇烈瞬間」**。

事物的發展在一定程度以內都還能恢復，但是一旦突破某個點，情況就會瞬間改變，再也回不到過去。

這樣的情況大部分都不是循序漸進的改變，而是像打開潘朵拉的盒子一樣，過了某個點之後就發生巨變。

例如：如果日本在法律上承認**「由於日本的犯罪情況增加，因此允許任何人持槍防身」**，那麼日本從此以後就再也回不去原本那個沒有槍械的社會了。

為了避免最糟糕的情況發生，我們都必須好好認識每一件事的引爆點。

無視引爆點而慘遭滑鐵盧的常見例子，就是企業的裁員問題。

我們經常能看到某大企業宣佈「裁員○○名員工以節省××圓人事費用」的新聞。

各行各業的人事費用各不相同，有許多企業為了提升經營效率，都優先考慮削減人事費用，希望透過減少龐大的支出費用，挽救公司的營運。

然後，這些公司就會採用提前退休制度並進行裁員，也會增加非正式雇用，以減少公司的支出成本。

那麼，這樣的做法會產生什麼樣的後果呢？

通常，先離開公司的往往是有能力找到下一份新工作的優秀員工。

也就是說，這些公司都會失去重要的資產，也就是那些一直以來為公司賣力付出的優秀人才。

有一間大型汽車製造商曾為了「削減人事費用」而決定讓研發部門僱用非正職員工。

研發是這間公司的核心，是公司裡最重要的工作。然而公司卻把這個重責大任交給非正職員工。

雖說是非正職員工，但也許是經過嚴格的面試篩選，這些研發部門員工的想法都非常出色，公司的產品賣得愈來愈好，部門的正職社員只需要做好管理即可。

然而，隨著經濟不景氣，這間公司又進一步地削減人事費用，

但他們竟然是資遣了那些挽救公司營運的非正職員工。

或許你會覺得很不可思議，但真的就是如此。

最後留下的只有管理階層的人員。

這間公司的研發部門提不出新的構想，研發技術停滯不前，銷售業績自然一落千丈。

經過這一次教訓，這間公司後來才投入最多的心力在正職員工的培訓上。


人才是無法用金錢衡量的。

然而，許多公司在面臨必須減少成本的情況時，往往都是先想到裁員。

顯然很多人都把人才流失這件事想得太過簡單。

但如果是具有遠見，擁有「通觀全局力」的經營者就不會做出這種危險的決定。

為了避免最壞的情況，我們不應該只專注在解決眼前的問題，還必須清楚了解許多事物的引爆點，把目光放得更長遠。

# 俯瞰全貌，「高瞻遠矚」

必須想出解決問題的對策時，如果只根據當下情況就做出判斷，其實是非常危險的一件事。

首先，請你一定要充分運用「通觀全局力」，把事情的整體樣貌全部看過一遍。

「通觀全局力」可分為「在空間中掌握整體的周邊視野」和「在流逝的時間中掌握全局的長遠目光」。

**「周邊視野」能力差的人**可能會在搭車時顧著滑手機而搭過站，或過於專注眼前的事而忘記更重要的工作。

這樣的人不夠注意周遭，眼裡只有自己專注的事。

如果要比喻的話，就像是站在高樓上使用望遠鏡，卻只盯著一隻鳥兒看一樣。

這樣的人就應該**放下手中的望遠鏡，讓眼前的景象都縮小，並切換到全景模式去觀賞整個風景，如此才能看到各式各樣的事物。**

另一方面，**不具備「長遠目光」的人**總是做不完自己該做的事，不管做什麼事都要花一大堆時間準備，把自己弄得手忙腳亂……

他們做事總是毫無章法，只想著應付了事，所以容易把時間弄得很緊迫，以至於經常出差錯或是不夠周全。

如果你是這種類型的人，請**務必在流動的時間中掌握整體情況，提前考慮下一步計劃並付諸行動**。

在解決問題時，我們都必須像這樣先縮小眼前的景象，俯瞰事物的全貌，並在流逝的時間中眺望事物的整體樣貌，最後才是思考現在的自己應該做什麼。

具備周邊視野其實也對社會很有幫助。

就拿你我身邊的日常生活舉例，具備周邊視野的人可以減少人潮擁擠的情況。

例如：每天到達車站要進站時，多數人都會直接走向離自己最近的驗票閘門。

即使有好幾個人都走向那一個閘門，大部分的人也不會考慮換到其他的閘門。

但如果是我看到原本要進入的閘門有超過三個人在等著進站的話，我就會立刻環顧四周，然後移動到附近的空閘門。

這樣一來，走在我後面的人也會跟我移動到空的閘門，便能分散要進站的人流，讓人流的移動變得更順暢。

# 具備「通觀全局力」能讓社會更美好

**不具備** 如果都只考慮到自己，想從離自己最近的①閘門進入，人潮就會堵住閘門！

**具備** 只要稍微考慮到別人，3 個人都能愉快地進入閘門。整體的人流也會更順暢！

只要在日常中發揮「通觀全局力」，生活就會變得更順利、美好。

只要像這樣通盤觀察全貌並且稍作思考，不要只想著自己，通常就能發現最好的判斷。

　　此外，大多數有遠見的人也都善於安排。

　　我的母親就是這種類型的人。

　　小時候，我家只有星期二晚餐才會出現魚類料理。

　　長大以後詢問母親為何這樣安排，原來是因為「魚類廚餘容易發臭，要趕快清掉才不會讓家裡變臭，但只有星期三才收廚餘，所以星期二晚餐吃魚最適合」。

　　可見母親在安排晚餐的菜單時，也一同考慮到垃圾的處理問題。


**你身邊也有這樣的人嗎？**

　　這樣的人都是善於安排的「多工型」人，他們總能先設想下一步該做什麼，並且同時順利地進行好幾項工作。


　　相反地，無法做到這點的人則容易出現以下的行為：

· **走到驗票閘門前才慌張地拿出車票或電子票證**

· **在超市排隊結帳時，總是要等到自己站到櫃檯前才開始翻找錢包或信用卡**

· **每天早上都在煩惱要穿什麼衣服**

　　他們的腦袋完全沒有在思考接下來該做什麼、明天必須準備什麼，都要等到最後一刻，才慌慌張張地開始行動。

在豐田生產方式的改善管理法中，格外重視這樣的事前準備。

豐田生產方式將準備工作劃分成時間到了才做準備的「內部準備」以及事先做好準備「外部準備」。

豐田公司透過明確劃分兩種準備工作，將內部準備變更為外部準備，以減少時間上的損失，提高生產效率。

將棋和圍棋也是一個將前瞻發揮到淋漓盡致的世界，下棋的人必須使出「多階思考力」、「存疑思考力」、「通觀全局力」以及「區分判斷力」等一切思考體力。

專業棋手都會不斷重複著「如果對方這樣下，棋局就會這樣發展」的推斷，據說有些厲害的棋手甚至能推斷到100步以後的棋局。所以，只能預測幾步棋的業餘棋手根本無法贏過他們。

這些擁有強大預測能力的人其實都已經具備深入骨髓的思考習慣。

# 不要覺得「風水總會輪流轉」

**常言道:「30年風水輪流轉。」**

不論是工作還是人生,從古至今都常用這句話形容。

然而,我們在做重大決策時,絕對不能將這樣無憑無據的諺語當作參考。

數學定理當中有一個「逆正弦定理」的機率理論,指出勝者恆勝,輸者恆輸。

例如:一般認為在投硬幣比賽中,出現正面或反面的機率皆為二分之一,但這指的是在無限次投擲的情況下的機率,有限時間內的投擲結果通常則會出現偏誤。

只是,當我們接連不斷地發生倒楣事時,卻會莫名其妙地認為:

**「倒楣的事情都已經這麼多了,所以接下來一定會有好事發生。」**

相反地,好事連連時,人們又會感到不安,覺得:

**「這麼多的好事接連而來,怎麼覺得接下來好像要發生什麼**

**壞事。」**

　　你是不是也會不由自主地像這樣認為所有的好事跟壞事最後都會達到一個平衡呢？

　　至少，數學界並沒有定理能夠證明真有這樣的機率，我們期待所謂的「風水輪流轉」只不過是一種「心理安慰」而已。

　　所以，像是創業不順利時，也絕對不要抱持著**「這次創業已經賠得那麼慘了，下一次創業的結果應該會比這次好」**等天真的想法。

　　如果是具備強大「存疑思考力」的人，就不會輕易地相信這種沒根據「好事和壞事各占一半」的說法。

　　在做任何判斷時，都應該先將思考歸零。
　　再來客觀地分析與判斷這樣做的結果究竟是好還是壞。
　　尤其我們都很容易忽略那些無法量化的事物，所以更應該特別注意。

　　例如，溝通能力和改善氣氛的能力都無法量化，但這些卻是我們不可或缺的能力。
　　我聽過一個案例，有間公司裁掉一位業績不佳的男員工以後，結果公司的工作氣氛變得愈來愈差，其他員工的業績也隨之下滑。這名被裁員的員工雖然在能被量化的業績上表現得不好，但是他能

與其他職員達到有效良好的溝通，也能調解好人際關係的衝突或紛爭，對於提升公司的工作氣氛有著重大的貢獻。

結果，這間公司只看重能夠量化的事物，輕易地就做出裁員這名員工的決定，才導致後來這樣的結果。

此外，就拿同一個組織來說，一個部門裡都是樂觀積極的人，跟另一個部門裡大多是悲觀消極的人，兩個部門之間做出的判斷也會有偏誤的情況發生。

**在你的主管、同事還有朋友當中，有沒有人總是很積極樂觀，或者總是悲觀消極呢？**

假如有的話，我會建議最好平均地聽過正反兩面的意見以後，再來做出判斷。

有一位在銀行工作的人說，選擇投資標的時要質疑那些表現良好的公司。尤其是宣稱「連續10年獲利增加」的新創公司往往最危險。

當這間公司的表現愈好時，投資者就愈容易掉以輕心，覺得沒必要去質疑現狀。

而真正優秀的人仍會在一帆風順時保持謙虛的態度，謹慎小心地去判斷每一件事物。

圍繞著那些成功者的資訊不盡然都是能夠相信的，所以我們才必須發揮自己的「存疑思考力」。

而且，人類對於某件事物只要熟悉到一定程度以後，就會開始失去緊張感，容易出錯。

能不能發揮隨時將思考歸零的「存疑思考力」，會決定你是否能漸漸拉大跟別人的差距。

## 只要經驗增加，就能跳過「思考的階梯」

在研究者和經營者的世界中，持續運用「多階思考力」是一件理所當然的事。

數學大致可分為「純數學」及「應用數學」兩個領域，進入研究所的時候，我也不知道該主修哪一個才好。

當時，我與專攻純數學的學長姐有過一次的深入討論。

原本我對數學也有一定的信心，但在聽著這些學長姐發表各自想法的過程中，我發現自己開始無法跟上他們的思路。

我驚訝地想：「這些人真是太厲害了！」看了好幾篇學長姐寫的論文以後，我發現他們都是能在1年之內爬上大約1000階思考階梯的強者……

不費吹灰之力就爬上1000階的思考階梯，這樣的人正是鑽研純數學的數學家。想必他們想精通純數學的「自我驅動力」肯定也比其他人來得更加強大。

看著這些學長姐，我心想：「我絕對不可能爬上這1000階的階梯！」所以，最後我便決定走上鑽研應用數學的道路。

應用數學是為了解決某個問題而運用數學的學科。

　　也就是說，應用數學是為了在實際生活中派上用場的數學。因此，學習應用數學的人必須能在約100到200階的層次中快速進行思考，並在尋求解決方案時適當地做出妥協。

　　**那麼，商業人士需要登上的思考階段大概是多少層呢？**

　　就我目前認識的經營者而言，他們大概思考10層左右就會得出結論。

　　你覺得這樣會太少嗎？

　　還是覺得這樣太多了呢？

　　至於為什麼是10層左右，我分析以後發現這些經營者在使用「多階思考力」時，都會將上樓的過程「模組化」。

　　經營者在爬上思考階梯時，都能靠著以往的經驗，**讓自己一步就跨過3～4層台階。**

　　只要發揮「通觀全局力」觀察與思考，就算不用一階一階地往上走，也能知道**「以前出現過這個模式，所以這樣做就行了」**或**「這個模式大概會這樣發展」**，所以一次就可以往上跨好幾層階梯。

　　我自己也是這樣，因為已經累積了很多可以一口氣讓我跨過50層階梯的經驗，就算在鑽研應用數學的過程中需要登上300層的思考階梯，我也能夠在短時間內登上最

高點。

　　換句話說，只要擁有豐富的經驗，任何人都能用1步、2步就走完平常要走10步的階梯。


　　當然，累積而來的經驗愈多，就代表嚐過的失敗也愈多，從這座思考的階梯上摔落好幾次，摔得遍體麟傷。

　　正因為如此，人們才會不斷地去磨練自己的直覺，好讓自己不再重蹈覆轍，不再受到同樣的傷。

　　鍛鍊直覺也有點像是培養「跳躍思考力」，而在模式化的過程中，則需要「區分判斷力」。

　　像這樣透過經驗鍛鍊各種思考體力，正是人類最了不起的才能之一。

第 5 章

為「解決問題」
而動腦的
**思考習慣**

## 思考陷入僵局時，就要讓思考「跳一下」

**「就算想破頭了，也想不出好的企劃。」**

**「花再多時間還是沒有解決問題的頭緒。」**

這樣的思考困境經常出現在我們的人生中。

當你左思右想卻得不到答案時，繼續苦思冥想也是解決不了問題。

在這種情況下，果斷轉換思維，在思考的階梯上跳躍或飛越思考屏障的「跳躍思考力」就是很重要的能力。

就像科學家們在找出偉大的發現之前，一定也有跳躍性的思考過程。

將邏輯推演到極致以後，在某個時刻拋開這些邏輯，來一次思維的跳躍。

而產生跳躍性思維的原動力正是「類比」和「靈感」。

「類比」類似於聯想，指的是連結以往的經驗和知識，然後去想像其他事物的一種能力。

有時透過類比讓思維跳躍起來，就能發現以往想都沒想過的新

選擇。

當我在研究上陷入瓶頸時，我就會跟一些專業知識與我完全不同的人見面，看看一些內容毫無相關的書。

然後，我再思考該如何將從中獲得的資訊結合我的研究，有時就會得到意想不到的驚喜收穫。

我在觀察了螞蟻的行進隊伍以後，就是透過這樣的類比，才得到有助於解決交通壅塞的提示。

有些經營者也會運用「跳躍思考力」與「存疑思考力」激發全新的構想，轉眼間將事業推上成功的道路。

日本老字號的襪子品牌 Tabio 也曾一度陷入經營危機，後來業績卻有了突飛猛進的成長。

契機之一就是他們提出前所未有的想法，顛覆以往「襪子是用100～1000日圓就能買到的低價產品」的常識。

Tabio 對於「襪子只要便宜就行」的常識抱持存疑態度，認為只要襪子的品質夠好，就算售價稍高也會有消費者願意購買。

於是，Tabio 決定以每雙600日圓到1000日圓的價格販售品質更好的襪子，並且提升專賣店的品牌形象。

現在，Tabio 在日本各地的店鋪「靴下屋」已成為高級襪子專賣店的代名詞，Tabio 也成功地成為上市公司。

陷入絕境時要想出天才般的解決對策。其實我們能從歷史人物

的身上學到這個道理。

　　例如：春秋時代的思想家孫子的《孫子兵法》。《孫子兵法》「計篇」中有一句名言為**「兵者，詭道也」**。

　　簡單來說，意思就是**用兵打仗是用各種方式欺敵**。

　　大致上的意思是**「即使兵強將盛也要裝作兵力薄弱，即使驍勇善戰也要裝作軟弱無能，在近處要假裝離得很遠，在遠處則要假裝離得很近」**，指出這些都是打仗用兵的重要策略。

　　描寫出實際運用這部兵法的作戰場面，正是知名的歷史小說《三國演義》。

　　《三國演義》可說是將「爾虞我詐」的作戰展現到極致，書中描寫出敵對陣營的心理戰都非常引人入勝。

　　我第一次讀到這部作品是在大學時期，當時我的感想是**「以後出了社會還要對任何人事物都抱持懷疑的態度，才不會那麼容易就被騙……」**。

　　諸葛孔明以「三分天下」等計策聞名天下，讓我們知道只要換個角度，看似軟弱的策略也能取得優勢。

　　每當遇到棘手難題時，只要讀一讀《三國演義》，好像就能從中獲得一些啟示。

　　借鑑他人的想法有時能讓我們看得更清楚應該走哪一條道路。

　　看看與自己境遇有相似之處的人是如何度過難關，他們的經驗

有時也能作為參考。

而在這種情況下，我們還必須謹記一件事，那就是「**自己與他人是不同的**」。

不管對象是成功的偉人或經營者，還是身邊值得尊敬的人，一味地模仿他們做過的事並不會讓自己成功。

豐田生產方式「改善管理法」世界聞名，但也是因為在豐田執行這道管理法才能大獲成功，其他條件不同的公司如果只是照抄他們的做法，失敗率則高達75％。

因此，就算得到了好的想法或是啟發，也一定要先慎重地思考：「**換成是我的話，我該怎麼做？**」才能付諸行動。

# 給大腦「施壓」再「放鬆」，
## 靈感說來就來

「靈感」是產生跳躍性思考的另一個原動力。而靈感誕生的瞬間，其實都有一定的規律。

當我們在拼命地尋找新的想法或問題的答案時，會覺得腦袋的壓力增加，並高度集中精神在持續思考。

這樣一來，大腦當然會疲累。

而大腦疲累的話，就會沒有力氣繼續思考。

所以，這時不妨泡泡澡、沖沖澡、散個步、跑一跑……做點其他的事讓大腦稍微休息一下。

而靈感就會在大腦解除緊張感的瞬間突然浮現，這時的我們都會有一種**「啊，我懂了！」**的感覺。

也就是說，靈感並不是自然浮現的，而是大腦要先全速運轉，努力地持續思考以後，才會因此產生靈感。

經過「這樣也不行，那樣也不行」的深入推敲，將自己逼到**「真的不行了，完全想不出來」**的極限以後，再突然讓大腦放鬆下來，這時的思考就會產生跳躍力。

我自己也有這樣的經驗，很多靈感都是在大腦的壓力提升到極限，然後突然放鬆的那一瞬間就出現了。

**當某個問題怎麼都解不開時**，它就會一直在縈繞在我們的腦海，無論我們看到什麼都會聯想到。

這樣一來，就算我們看到的事物與那個問題完全沒有關聯，也可能讓我們突然靈機一動，心想：**「或許就是這樣沒錯！」**

一位具有諾貝爾獎水準的科學家也曾表示，當他想破了頭，然後累到睡著時，結果就夢見了他在找的答案。

據說德國有機化學家奧古斯特・凱庫勒也是在夢中發現了化學物質「苯」的結構。

不僅是研究者，任何職業都是這樣，那些想出全新想法的人在那之前都是一直在持續地思考。

而那些整天腦袋空空，什麼都不思考的人就不可能想到什麼驚為天人的好點子，就像天上才不會白白掉下免費的禮物。

北宋文學家歐陽脩說過，最能讓人文思泉湧的地點就是「馬上」、「枕上」與「廁上」。

這三個地點被稱為靈感的「三上」，也就是如果覺得搜索枯腸的話，讓自己進入**「騎在馬上」**、**「躺在床上」**、**「蹲在馬桶上」**等放鬆時刻，反而更容易產生靈感。

現在的日本已經很少人會騎著馬在路上走，**換成搭乘汽車、飛機、電車等交通工具移動**，也是不錯的選擇。

而且，這時也不要帶著工作資料，要試著去思考其他的事，跟其他的人講講話，讓你的思考有跳躍的空間。

　　我曾經為了一件事煩惱不已，覺得一直待在東京也是想不到辦法，於是決定回茨城的老家住個三天左右。

　　老家的廁所裡掛著一幅日曆，上面的「今日一言」寫著：

**「無論何時，一定有路可走」**

　　當我看到這句話時，我覺得自己豁然開朗，頓時醒悟：**「我到底在煩惱什麼呢？」**

　　這個經驗的地點恰巧是讓人浮現靈感的「三上」之一的廁所，或許回老家走走也剛好讓我放鬆緊張的大腦。

　　當你苦思冥想都想不到好的辦法時，讓自己置身在完全不同的環境裡，也不失為一個好辦法。

# 陷入困境就是在考驗我們的「發想力」

發生天災或傳染病等根本無法預測的情況時，服務業、觀光業等各行各業都會面臨經營困難的衝擊，其中又以餐飲業首當其衝。

有些企業雖然也陷入了這樣的困境，卻能憑藉著與眾不同的想法出奇制勝，度過經營難關。

有一家連鎖KTV就將一些歡唱包廂改裝成可用來遠距上班的「辦公包廂」，給消費者提供更多的服務。

此外，朝日新聞社則與餐飲外送平台「出前館」合作，送報生在派報時間結束以後接著做餐飲外送服務，這個合作讓人不禁拍案叫絕：**「原來還能這樣做！」**

這些想法都是因經營陷入困境才會誕生的。

當經營陷入困境時，有些企業能像這樣別創新格，有些企業則裹足不前。我想，應該不只有我感受到這樣明顯的兩極化吧。

隨著消費者愈來愈常使用網路購物，所以也開始出現配送人員以及運輸車輛的數量跟不上配送量的問題。

若發揮「通觀全局力」來思考，就會看到許多問題都暴露

出來。

例如：全國連鎖的超市Ａ因物流跟不上而暫時缺貨，而在地的超市Ｂ卻還有大量Ａ超市目前缺貨的商品。

宅配也是一樣，由於業者之間沒有合作關係，同一戶的貨物可能就會分別由黑貓宅急便、日本通運、佐川急便等不同宅配業者送達，而這種情況也未得到改善。

如果要解決這一個問題，就要想辦法讓零售商、批發商和製造商合作，建一個共享平台，優先補充短缺的貨品。

從這個意義上來說，其實有一些公司已經在著手解決物流問題。

味之素、可果美、日清、好侍食品等五大食品製造商在新冠疫情爆發之前的2019年，就已經建立物流合作平台「F-LINE」，目標是實現高效且穩定的物流體系。

這個平台的建立不僅能夠解決宅配司機短缺等長期物流人員不足的問題，也有助於解決燃料價格上漲及二氧化碳排放等環保問題。

這項舉措能創造出什麼樣的成果是許多人都在關注的事。我與「F-LINE」的社長深山隆先生見面時，他說一句非常有深度的話。他說：**「競爭在於商品，物流則需合作。」**我聽了以後很欣慰，這個時代終於開始改變了。

有很多企業即使沒有陷入經營困難，也一樣會去思考：**「我們的企業可以怎麼解決人們的煩惱和困難？」**將公司經營得非常成功。

將出租民宿業務拓展到全球市場的「Airbnb」，以及二手商品平台「Mercari」都是其中的例子。

創意的種子隨處可見，但能夠發現這些種子的人卻寥寥無幾。

若你希望抓住商機，就必須運用「多階思考力」、「存疑思考力」、「通觀全局力」、「跳躍思考力」等思考體力，努力地去觀察、分析與持續思考任何事物。

# 玩一玩「詞語接龍遊戲」

　　玩**「詞語接龍」**是一種有效訓練「多階思考力」和「跳躍思考力」的方法。

　　詞語接龍是一種類比和聯想的遊戲，玩法非常簡單。

　　拿出紙張並裁成與手掌大小差不多的紙條，分別在紙條上寫下**「小狗」**、**「咖哩飯」**、**「迴紋針」**、**「洗澡」**、**「杯子」**、**「下雨」**等完全沒有關聯的詞語，想到什麼就寫什麼，至少準備10張左右。

　　接著把這些寫好詞語的紙條全都放進一個箱子或紙袋中，不要讓自己看到內容。然後，從箱子或紙袋中抽出2～3張紙條，試著將這幾個詞語串成一段話。

　　假設紙條寫著「小狗」和「咖哩飯」，那就可以這樣造句：

　　**「帶小狗出門散步時，我聞到了咖哩飯的香味，所以決定今晚吃咖哩飯。」**

　　如果抽到的是「下雨」、「小狗」和「洗澡」，則可以這樣造句：

# 玩「詞語接龍」鍛鍊聯想力！

1. 把想到的單詞寫在小紙條上，然後放進紙箱或紙袋。

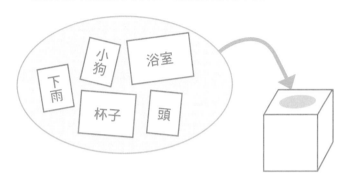

2. 抽出 2、3 張紙條，用這幾個詞語說出一小段話，內容不拘。

我帶「小狗」去「浴室」洗澡，發現外頭開始「下雨」了。

**試試多抽幾張紙條，讓你的聯想力更豐富！**

第**5**章 為「解決問題」而動腦的思考習慣

**「我帶小狗去浴室洗澡，發現外頭開始下雨了。」**

無論抽到的單詞有多麼不相干，只要想辦法編出一句完整且邏輯通順的句子就行了。

當你覺得自己很閒或才思枯竭時，不妨玩一玩這個「詞語接龍遊戲」。

熟練後就可以提高難度，試著只用2個單詞編出一小段文章，而且邏輯層次要達到10層以上。

例如：抽到「小狗」和「咖哩飯」的紙條時，就可以編出這樣的文章：

**「我在家工作時，看見窗外已經天黑了，於是我開始思考晚餐要吃什麼。我覺得有點想吃咖哩飯，打開冰箱卻發現已經沒有洋蔥了，所以決定去附近的超市買點洋蔥。本來睡在我腳邊的狗狗剛好醒來了，我想著可以順便帶牠一起去散步。我拎起錢包和購物袋，再拿著遛狗的工具，然後和狗狗一起出門了。」**

像這樣持續地去思考怎麼連起自己抽到的兩個單詞，就能創作出一個完整的故事。

就算沒有紙和紙箱，也能在腦海中練習類比和聯想。

請你試著走路時不要滑手機，務必抬起頭來看一看四周的人，以及觀察周圍的環境。

例如：我們可以去觀察路上行人都是落在哪個年齡層，然後去

思考為什麼是這樣的年齡結構。

　　觀察這條路上的店家主要都是哪些客群，也可以讓我們想像這附近大概都住著哪種類型的居民。


　　不光是走路時可以這樣觀察，像是在咖啡店喝咖啡，或是在跟別人聊天時，都可以把你覺得有趣的事記下來。

　　之後再來翻這些筆記，或許你就會發現**原來自己留意過這些事或是覺得有些內容很有趣**，並且給你帶來一些靈感。


　　雖然我也會在手機上面用APP「Slack」記下我的想法，但我還是喜歡可以放在口袋裡的隨身小筆記本。小筆記本隨拿隨寫更方便，所以我還是習慣記在小筆記本上，累積起來大概也已經用了20幾本了。


　　我在筆記本上寫過的內容有日本KOKUYO集團創始人黑田善太郎的名言**「不可輕易消耗信譽」**。

　　還有日本樂團雷密歐羅曼的歌曲《Wonderful & Beautiful》的某句歌詞**「預報都不準，預感成真了」**。我覺得這是對科學家而言非常重要的一句話，所以就把它記下來了。

　　在每週一次的研討會上，我也會把這些句子分享給我的學生們。

　　說不定這些筆記當中就有能夠獲得諾貝爾獎的偉大想法，所以我非常珍惜這些筆記。

我在前面提過「靈感三上」，其中有一個是「馬上（移動中）」。像我就經常在電車上寫筆記。

電車裡擠滿乘客時，我就緊握吊環，然後閉上眼睛，天馬行空地去想像一切。

只要一有靈感，我就會在下車之後立刻拿出筆記本寫下。

我們平時就可以準備2、3個自己感興趣的主題，這樣能更有效地隨時進行類比及聯想。

# 以「走訪書店，博覽群書」拓展思維

每一本書都充滿了作者的想法。

大型書店裡的書架陳列著琳瑯滿目的書籍，猶如一座思想的寶庫。

你在這裡可以看見形形色色的作者寫出各式各樣的想法，所以如果你想要找尋一些新的想法，我會建議花一整天的時間把書架上的書都看一遍。

我每個月都會去一次東京車站附近的八重洲書店。這家書店共有8個樓層，我都會先搭電梯到最高樓層，再一層一層地往下慢慢逛。

逛到跟自己的專業領域好像完全沒有關聯的食譜書或繪本等書籍時，我就會從中發覺時代的潮流改變。

就算是與工作完全無關的書，**只要我覺得好像很有趣，或是也許能讓我有不一樣的視角**，我一定會拿起來翻一翻內容。如果我還想更深入閱讀的話，我就毫不猶豫地買下來那本書。

閱讀也要講求技巧，我自己在閱讀時，一定會拿著一支附自動筆的四色原子筆在書上做筆記。

我會把感興趣的部分畫上線，並在與作者意見相反的部分寫下我的看法，就像是在與書進行辯論一樣。

相反地，如果我覺得某段內容是「非常棒的切入點」，不想輕易忘記這段內容的話，我就會用線畫出重點，並且抄寫在我的「創意筆記本」。

順帶一提，就改變未來的意義來說，傑瑞米・里夫金的《物聯網革命：共享經濟與零邊際成本社會的崛起》給我帶來相當大的震撼，我在閱讀時也做了許多筆記。

這本書在2015年推出日文譯本並引起熱烈的討論，書中指出共享經濟的社會將在未來成為常態，而這個預言也確實成真。

傑瑞米・里夫金的「通觀全局力」特別地好，而他的「多階思考力」、「存疑思考力」、「區分判斷力」、「跳躍思考力」肯定也都不差，是個擁有強大思考體力的人。

閱讀書籍可以讓我們接觸到這些作者新穎獨特的想法。

此時，切記不能只是一直閱讀，更要思考：**「如果是我的話，我會怎麼想？」**

在讀完一本書以後，還要思考：

**「關於這個主題，我的想法是這樣的。」**

**「把書中的某觀點應用到我的問題，就會是這樣。」**

像這樣花時間輸出自己的想法也是相當重要的。

請仔細思考自己是如何去理解、掌握透過書籍接收到的資訊，並且試著用語言表達出來。

這樣不僅可以避免自己囫圇吞棗般地接受他人的觀點或想法，也能鍛鍊自己的思考體力，激發出更多想法。

只要細細閱讀，往往能從書本當中意想不到的觀點與想法挖掘出不同以往的新想法或主題。

有時，我也會在一些不太吸引讀者的書架深處找到「**可能在過去這10年間就只有我一個人拿來翻閱**」的專業書籍。

而這些書籍也曾帶給我一些啟發，對於我正在研究的內容有很大的幫助。

如果只去收集自己在意或感興趣的資訊，那我們的視野會愈來愈狹窄。

若要消除這樣的思維偏誤，最好方法就是慢慢地逛遍大型書店的每一個書架。

我反而很少利用網路尋找新的想法。

網路確實很方便，可以很快地就找到許多資料，但是我們的腦袋也會很快就忘記這些資訊。

但透過書籍尋找靈感時，我們就會在書店仔細挑選及試閱，買回家看還可以一邊做重點筆記，而這過程會讓我們去聯想其他事物並形成記憶，所以就不容易遺忘。

我在大學教課時，也不會為了追求講課效率而使用教學投影片。

　　我習慣在黑板或白板上寫板書，讓學生自己動手做筆記，而且也會盡量不印講義給學生。

　　我覺得這樣做更能大幅提升學生的記憶力。

　　如果要蒐集資料的話，我還是堅持要親自走一趟書店，實際地去翻閱或是購買書籍。


　　只是把網路上的資訊拼湊在一起，硬是生出一些想法或主意，看起來還是會帶著別人的影子，也會因為缺乏真正的分析和創新而顯得很淺薄。

　　而且，這種靠複製貼上的報告一看就知道不是自己寫的，因為缺少了個人的思考過程和真實的理解，整體看起來不夠有說服力。

　　發揮思考體力持續思考而來的想法，不僅能讓自己有自信地向任何人說明，而且更具有實用性以及吸引力，不僅能打動他人，還能讓自己在實踐中受益匪淺。

　　所以，我們就應該不吝惜自己的時間與力氣，前往書店去找書，拿起筆來做筆記，讓自己習慣邊閱讀邊思考。


　　很多人一有空就開始滑手機或玩電腦，沒有養成思考習慣。而這樣的人就應該試著讓自己完全遠離手機和電腦，就算一個星期只有一次也可以。

　　然後，還要拿出筆記本，再拿起一支筆，把自己想到的事情通

通寫下來。

剛開始也許會覺得不知道自己在做什麼，但是多做幾次之後就會漸漸習慣，腦袋也會漸漸地湧出自己的想法。希望你也能這樣做，養成讓思考跳躍的習慣。

# 善用2種「思考模式」

我們在解決問題或是要達成某個目標時，都會有2種思考模式。

在目標明確的情況下會出現第1種思考模式。

例如：擁有**「這次比賽要贏」**或**「業績要增加到一千萬日圓」**等具體的目標時。

目標不明確且情況變化時，則是第2種思考模式。

例如：新冠肺炎的確診者愈來愈多時。

當時的狀況非常混亂，民眾急著知道**「什麼時候會公布緊急事態宣言？」「有沒有針對停工者和失業者的紓困措施？」「自我約束外出要做到何種的程度？」**等等，而政府則實施了各種因應措施。

假如是在像前者這樣目標明確的情況下，我們就要將明確的大目標細分出幾個小目標，然後一邊回推一邊調整應該做的事情。

假設10天後有一場足球比賽，我們就可以先將「10天之後要達到最佳狀態」設定成大目標。

然後再從這個大目標回推，思考前1天、前3天、前7天該完成哪些小目標，這樣就很清楚每天要做的事。

　　這正是需要發揮「多階思考力」的思考方式。

　　朝著目標前進的過程要有強大的力量讓自己義無反顧地登上思考階梯。**有個方法則能修正前進的軌道，讓前進方向與目標方位一致**，那就是「射擊法(shooting method)」。

　　這是用於電腦數值計算的一種方法，做法是從起點和終點同時求出正確答案。

　　另一方面，如果是像新冠疫情升溫這樣的問題，目標不明確而且情況不停地在改變時，就只能提出幾個假設，一邊預測情況的發展，一邊以邏輯推理去做分析。

　　在當前這個劇烈變動的時代裡，人其實很難找到明確的目標，所以很多時候都必須用這樣的方式思考。

　　而在這樣的情況下，就要像擬定「A計畫」、「B計畫」一樣提出等好幾種假設，以隨機應變的方式逐步推進。

　　人生也是如此。

**「這樣就能安心了。」**

**「這樣就能過上穩定的生活了。」**

　　我們其實很難有這樣的想法，未來變得愈來愈難以預測。

　　你覺得自己5年以後還會繼續做現在這份工作嗎？

可能會被調往海外，可能會轉職，或者因為父母的事業而繼承公司。

說不定公司會把你派到國外工作，或是你有可能跳槽、轉行，也說不定你之後就會繼承你家的事業。

現在這個時代就算有大企業宣布破產也已經見怪不怪，沒有人能夠預料將來會如何。

但如果因為這樣就糊里糊塗地過著每一天，這樣當意外從天而降時，也只會驚慌得不知如何是好。

走一步算一步地過日子無法讓人擁有充實的人生。

而要避免這種情況發生的話，就請試著以「區分判斷力」進行假設。

然後，還要針對每種情況做好因應對策。

例如：

**「如果要執行A計畫，就要做這些準備。」**

**「如果要執行到B計畫，就必須做這些準備。」**

可以的話，我建議最好要擬定到C計畫。

我曾與日本自衛隊的幹部聊天，他們說，在執行人命救援的任務時，他們不僅會擬定B計畫，還會規劃到C計畫。

在變動激烈的情況下或是瞬息萬變的時代裡，或許我們不能只是提出2種假設，**還需要提出第3種假設，也就是準備到C計畫，這樣才能更靈活地隨機應變。**

假如過程中愈來愈清楚**「該做的事與不必做的事」**，當然也可以逐步地調整。

最重要的是時常抱持**「假如這個不行的話，我就換另一個試試看」**的心態，以避免最糟糕的情況發生，同時也讓自己離想做的事更近一步。

## 每天1次「自問自答訓練」

想要鍛鍊出好體力，就必須堅持每天進行健身課表，例如：「10次腹肌訓練」、「慢跑30分鐘」等等。

鍛鍊思考體力也是一樣。有一種超簡單的方法可以鍛鍊思考體力，每天只需做1次，1次只需1分鐘，就叫做「自問自答訓練」。

持續鍛鍊以後最先出現的效果，就是我們在看待事物時，「存疑思考力」就會開始發揮作用。

例如：搭電車時就會開始思考：**「為什麼這裡會有電燈？」「為什麼這裡要裝螢幕？」**等等，像這樣從「為什麼會這樣？」的角度去思考映入眼簾的各種事物。

這時，再發揮「通觀全局力」、「區分判斷力」和「微分思考力」等思考體力，自己回答這個問題的答案。

就像鍛鍊肌肉就要給肌肉施加壓力一樣，透過思考「為什麼？」對大腦施加壓力，便能鍛鍊起思考能力。

每天若只是被動地透過手機或電視接受網路上的大量信息，那我們的思考能力就完全不會進步。

對於任何資訊都要像孩子一樣追問**「為什麼」、「為什麼會這樣」**，並對眼見的所有事物都抱持好奇心。

當我們開始去追問「為什麼」，就是開始了思考體力的鍛鍊。

鍛鍊「存疑思考力」也有助於提升我們的專注力，從而減少學習和工作的錯誤。

　　此外，我還要介紹一個祕密咒語。有了這個咒語就不會錯過重要的細節，將錯誤減少到最低程度。

　　無論是提交計畫或文章原稿，只要我們要交出任何跟文字數字有關的成品，我們都會把自己認為是正確的內容寫下來。

　　在完成的那瞬間，心裡都會吶喊：「我終於完成了！」感覺自己終於解脫了。但是，請記得一定要在交出這份成品之前對自己說：**「這份內容肯定還有錯誤！」**

　　假如周圍都沒有人的話，也可以大聲地喊出來。

　　對自己說完「肯定還有錯誤」以後，就要重新檢查全部內容，尤其是自己覺得「應該沒錯」的部分。

　　像這樣去質疑自己，才會發現有無錯漏字、遣辭用句是否恰當、計算是否錯誤等等，進而減少失誤。

　　尤其是容易粗心大意出錯的人，一定要先將自己答案或資料全盤否定，然後重新檢查2～3遍。

　　以前在參加東大的入學考試時，我寫完每一張考卷後，都會在心裡默念這個咒語，結果我真的在物理考卷上找到錯誤並及時修正。

　　九成九的人都會深信自己寫的答案就是正確的，不帶一點懷疑。會不會懷疑自己的答案，呈現的結果就會不同。

在工作上，我們也可以每星期固定1天完全否定自己的做法。試著去問問自己：**「我這樣做真的好嗎？」**

這樣一來，我們才會從完全不同的角度看見不同的世界，或許就會發現更好的點子或新商機。

我先前一直認為「唯有增加新的道路或減少車輛數量才能解決塞車問題」這觀點是正確的，直到我開始抱持「解決的辦法應該不只這樣」的質疑，否定先前的觀念以後，才正式開啟我的「壅塞學」。

我開始思考：「解決塞車或許不只有增加新道路或減少車輛數量，改變駕駛人行為是否能解決問題？」再加以應用我的「數學」專長，最後找出了解決塞車的辦法。

**「自問自答訓練」**以及**「內容肯定有錯誤」**的咒語在各種情況下都非常有用，不論是解決考試中的粗心大意，還是建立起新理論、解決工作上的問題，都能幫助我們建立起相當好的習慣。

# 第 6 章

# 不為「人際關係」 煩惱的 思考習慣

# 人際溝通的「5種」模式

**「為什麼我無法讓別人理解我？」**

**「為什麼我都無法好好傳達我想說的話？」**

這些人際關係的煩惱多半是「誤解」造成的。

誤解就像是溝通過程中出現了溝通堵塞的情況。

當人際關係因為溝通誤解而出現裂痕時，想要修復就沒那麼容易。

就算想要解開誤解，往往也會事與願違，反而使誤解加深，關係更加惡化。

那麼，**溝通時容易被誤解或產生誤解的人究竟是出現了什麼問題呢？**

反之，**就算被人誤解也能付之一笑的人與他們又有什麼不同呢？**

這些問題也困擾了我許多年，於是我試著去分析溝通為何會產生誤解，並且思考預防溝通誤解的方法。

有人際關係的煩惱時，就必須以冷靜的「通觀全局力」和「區分判斷力」掌握狀況，並做出適當判斷。

那麼，就來分享我用科學的角度進行分析的「誤解機制」以及因應對策。

溝通的基本在於兩方的互動，一方是具有想傳達訊息「真實意圖」的說話者，一方是接收並「解釋」訊息的聽者。

為了理解這個互動過程，我會使用以下的符號代表。

說話者的「本意」……I（Intention＝意圖）

說話者傳達的「訊息」……M（Message＝訊息）

聽者的「解讀」……V（View＝見解）

以這3個符號來分類情況時，說話者傳達的訊息可以分成2種情況，**一種是與本意相同的「I=M」，另一種是與本意不同或產生扭曲的「I≠M」。**

然後，聽者對於這2種情況的解讀也可分為2種，**一種是完全相信其真實意圖的「M=V」，一種是不完全相信其真實意圖的「M≠V」。**

至於最後的溝通結果，若聽者的解讀（V）與說話者的本意（I）一致則為「V=I」，不一致為「V≠I」。

如果是完全理解彼此的兩人，就會形成「I=M」、「M=V」，而根據三段論，這樣就會達成毫無誤解的理想關係「I=V」。

可惜在現實生活中，彼此溝通時還是會有一定程度的試探與揣測。

我試著將說話者傳達訊息的情況與聽者解讀訊息的情況進行數學的排列組合，發現人際溝通只有以下5種模式。

## 【溝通的5種模式】

①I＝M＝V＝I

說話者如實傳達訊息，聽者也欣然接受。雙方的感受一致，完全理解。

②I＝M≠V≠I

說話者如實傳達訊息，但聽者誤解或懷疑說話者的訊息。

③I≠M＝V≠I

說話者傳達出欺騙或誤導的訊息，而聽者如實接受訊息。

④I≠M≠V＝I

說話者傳達出有違真心的訊息，聽者則質疑訊息且看穿說話者的真心話。

⑤I≠M≠V≠I

說話者傳達出有違真心的訊息，聽者也解讀成不同的意思，心口不一的訊息及錯誤的解讀造成完全誤解。

其中，模式①如實傳達與接受訊息，溝通沒有問題。

相反地，模式⑤的溝通常出現在喝醉酒的人之間，對話的目的不在於相互理解，所以置之不理也無妨。

　　模式②、③、④則是最有可能透過「存疑思考力」使溝通更順利的模式。

　　當你在人際關係中遇到困擾時，不妨對照看看這幾種溝通模式，說不定就能找出溝通障礙的原因。

　　如果平時與人交談時就能意識到自己的溝通模式，便能更好發揮「存疑思考力」，減少溝通中的誤解。

# 發揮「存疑思考力」消除對方的誤解

**「出現了這麼多符號，有點複雜……」**有些讀者也許會覺得看起來很複雜。請不必擔心，接下來我會配合插圖逐一解釋溝通模式中的模式②、③、④。

那麼，我就來舉幾個例子，看看實際上在哪些情況下發揮「存疑思考力」就能減少溝通的誤解。

② 「I＝M≠V≠I」

說話者如實傳達訊息，但聽者誤解或懷疑訊息。

說話者如實傳達自己的本意（I），但聽者解讀的意思並非說話者的本意。

因此溝通產生誤解，說話者此時就必須發揮「存疑思考力」找出聽者的錯誤解讀，並向對方反應。

最常見的情況，就是老師發現學生的理解有誤，然後加以指正。

還有上司指出下屬的過錯，重新指導下屬正確的做法。

在這種情況下，聽者並非有意曲解意思，因此說話者在指正錯

誤時不應該責備或批評對方。

另一方面，聽者可能原本就有先入為主的看法，或是受到情緒影響，所以接收不到說話者的本意（1）。

這種情況下，說話者就必須設法讓聽者拋開成見，或等聽者願意冷靜聆聽時再重新表達。

為了避免溝通誤解，通常我會盡量找第三方討教。

例如：假如我知道自己必須在聚會中與意見不同且素未謀面的人交談，我就會盡量去找一個跟對方比較熟的第三方，試著先了解對方的個性和背景。

這樣一來，我就能減少一些偏見與成見，稍微先了解對方也會讓我比較不緊張，所以真正在交談時就能保持冷靜的態度。

②I＝M≠V≠I

③「I ≠ M ＝ V ≠ I」

　　說話者傳達出欺騙或誤導的訊息，而聽者如實接受訊息。


　　工作上最容易出現的溝通情況就是使用客套話委婉表達卻造成誤解的「I ≠ M」。

　　例如：假設討厭的同事想要找我們幫忙時，雖然我們內心的真實想法是**「我才不想幫他一起做」**，但表面上還是會以正在忙碌或其他的理由來婉拒。

　　但如果對方真的接收這個訊息，形成「M ＝ V」，那對方就會樂觀地解讀成**「我可以等他比較不忙時再來拜託」**。

　　婉拒的客套話對這種類型的人不太管用，對方很可能會不死心地繼續詢問，我們就要一再地拒絕。


　　另一方面，「存疑思考力」較好的人就會去思考「M ≠ V」的可能性，不會堅持只有「M ＝ V」。

　　然後，他們就會解讀出對方真正的意思，明白：**「大家的工作都一樣忙碌，他也許只是不想要直接拒絕我。」**並果斷地放棄追問。

　　這樣的情況就是接下來的溝通模式④。

③ I≠M＝V≠I

④「Ｉ≠Ｍ≠Ｖ＝Ｉ」

說話者傳達出有違真心的訊息，聽者質疑訊息並看穿說話者的真心話。

為各位介紹一個出自京都落語的經典送客句「京都的茶泡飯」。

京都人若希望客人快點離開時，就會跟對方說：「你要不要來碗茶泡飯？」而這句話實際上則是含有「我什麼都不會招待你」的意思（真實想法）。

反應遲鈍的人可能就會直接回答對方：「好啊，太謝謝你了。」但是「存疑思考力」比較強的人就不會照盤接受，而是想：**「為什麼要請客人吃茶泡飯？好奇怪啊。他應該是希望我離開吧。」**

然後，他們就會有禮貌地拒絕，說：**「不用麻煩準備茶泡飯了，我也差不多該告辭。」**然後盡快離開。

雖然說話者說出心口不一的訊息，聽者的解讀也不是說話者字面上的意思，但雙方仍然達到溝通。

洞察說話者的言外之意，達到更好的溝通效果，這樣的模式在日常生活中也不算少見。


說出口的話有「真心話」也有「客套話」。

發揮「存疑思考力」辨別是「真心話」還是「客套話」，冷靜地做出判斷以後再回答，正是人際溝通的基本。

④I≠M≠V＝I

# 重視「非語言」訊息

**即使已經很努力將自己的想法及感受如實傳達出去，但有時就是會詞不達意、說得不清不楚，沒辦法順利地達成溝通……**

而且，就算再怎麼注意自己的表達，通常還是避免不了這樣的困擾，所以在溝通的過程中隨時留意並及時修改，才是更實際的做法。

此時，一定要注意自己跟對方的「非語言」（non-verbal）訊息。

我們在與別人交談時，所有的視線改變、表情變化和姿勢動作等等，都會傳達出語言之外的訊息。

而這些非語言訊息在我們與他人溝通的過程中，就扮演著重要的角色。

當聆聽的一方不太能理解對方說的話或是覺得有疑問時，也許就會出現歪著頭的動作，或露出疑惑的表情。

如果覺得對方說的話很無聊，聽得很煩躁，有的人可能就會開始抖腳或用手指敲桌子。

除此之外，還有說話的抑揚頓挫、身體姿勢、談話時的氣氛等等，若能發揮「通觀全局力」把視角拉遠，去解讀對方的這些非語言訊息，便能減少溝通中的誤解。

在認知心理學中，有項關於非語言訊息的有趣研究，稱為「話輪轉移（turn-taking）」。

例如：當兩個人同時走向狹窄的出口時，雖然沒有言語交談，但彼此透過一些表情或動作，就會自然決定好通過出口的順序。這應該也是任何人都有過的經驗。

雙方透過迅速將身體往出口方向移動或是將身體往反方向拉的「身體搖擺」，就能傳達出一些訊息，達到溝通效果。

交談的順序也是如此。不論是一對一交談，還是多人同時進行交談，參與談話的人都是透過時機和眼神接觸來交換說話順序，使對話得以順利進行。

由此可見，我們平時就在不知不覺之中進行非語言溝通，努力實現更順暢無礙的社交行動。

當然，有些時候也會因非語言訊息產生誤解。

例如：假設有位女客人坐在店裡深處的座位，一臉感興趣地看著牆上掛著的演員海報，而海報前剛好坐著一名男客人。

「難道她對我有興趣？」有的男客人說不定就會產生這樣的誤解。

「我的後面有什麼嗎？」有的男客人則會回頭確認，發現原來對方是在看他背後的海報。

能不能思考對方動作所代表的意義，並做出適當的言行反應，是人際溝通的關鍵之一。

若要敏銳地捕捉非語言訊息並解讀其意，此時能派上用場的思考體力為「存疑思考力」和「微分思考力」。

要一一拾取說話者發出的非語言訊息，並且賦予意義。

要了解對方的心情或對於談話內容的理解程度，避免引起誤解，就必須讓自己也漸漸習慣這種言語之外的溝通。

像是英國的熱門喜劇《豆豆先生》和卓別林的無聲喜劇電影系列，就是運用非語言訊息的最佳例子。

假如沒有語言的力量，我們將難以傳達複雜的情感。

不過，這兩部作品也讓我們知道有時只靠非語言訊息依然能讓溝通順利進行，值得作為參考。

要特別注意的是透過電子郵件的文字溝通，由於這樣的溝通缺乏非語言訊息，所以很容易引起誤解。

因此，若要傳達或討論重要的事情，面對面的溝通還是比線上的交流來得更加理想。

# 試著維持「中立型」的人際關係

即使與人溝通時再怎麼小心翼翼，還是不可能完全避免誤解和摩擦。

那麼，我們該如何擺脫人際關係的煩惱和壓力呢？

人人都嚮往著**「不拘小節」**的生活方式，然而實踐起來卻很困難。

於是，我發揮了所有的思考體力，在經過 5 年左右的持續思考以後終於得到一個結論，知道要如何去應對人際關係的誤解。

首先，我將一對一的人際關係分為 3 種類型：
· 收斂型：努力消除誤解後就能相互理解的關係
· 發散型：已經無法消除誤解的關係
· 中立型：無法完全理解彼此也不可能消除誤解，但保持聯繫的
關係

我將複雜的數學理論「動態系統理論」應用在人際關係。以數學角度來看待人際關係時，有一點很有趣，那就是人際關係有模糊空間的「第三選擇」。

用戀愛關係來解釋應該比較容易理解。

**彼此相愛，有時會吵架但能修復關係，兩個人的感情很好**

……「收斂型」

**不斷產生誤解和摩擦，整天都在吵架，最終以分手收場**

……「發散型」

**吵架但不會想分手，彼此不在乎細節，保持適當距離**

……「中立型」


在收斂型關係中，雙方為了彌補誤解造成的隔閡，會不斷爭論或溝通，努力地修復關係。

例如：假設有一位作家出一本書，這本書是他的自信之作，但有讀者誤解內容，並在網路上大肆批評。

這位作家擔心這樣會導致許多人對他產生偏見，所以他就採取在網路上發表長文反駁等等的因應對策。


以前也有讀者明顯誤解我的著作內容並提出批評。

假如對方是具名批評的話，我就會花時間跟精力去澄清誤解。

但如果對方是匿名批評的話，我再怎麼反駁也是對我不利而已，所以我就會保持中立，選擇不理會。

另一方面，發散型關係是其中一方認為**「誤解不可能消除」**時最容易出現的人際關係。

在這種關係中，有些人再怎麼溝通跟吵架也修復不了關係，只好選擇分道揚鑣；有些人則是怎樣都不想再見到溝通無效的對象。

發散型關係的夫婦可能就會離婚，跟鄰居相處不愉快的人則會果斷搬家，有的人甚至會採取法律途徑。

透過中斷關係讓自己變幸福的例子當然也不在少數。

不過，除非真的迫不得已，其實維持第3種的中立型關係也是不錯的選擇。

既不親近，也不疏遠，像兩條平行線一樣配合著彼此的情況來相處的話，就能維持一段細水長流的關係。

很多時候我們都會陷入收斂型關係之中，為了消除誤解而耗費心神，但最後還是徒勞無功。

如果跟任何人都是發散型關係，只要吵架就一刀兩斷，那最後則可能落到自己孤身一人的結局。

因此，最好的做法應該是先選擇第3種中立型關係，視情況進行調整，關係好轉就轉變成收斂型關係，終究相處不來再轉變成發散型關係就好。

中立型關係並不是妥協或消極選擇，而是一種積極地將複雜的人際關係維持在居中狀態的方式。

我個人覺得中立型的關係是最合適的，所以我一直努力不讓自己的人際關係變成勉強拉近距離的收斂型關係或是不歡而散的發散型關係。

　　假如你有人際關係的困擾，不妨先試試跟對方保持平行線。

　　這樣一來，你的心情就會舒暢不少。

# 3 種類型的情侶

**收斂型**

**發散型**

**中立型**

## 最重要的是「自己」，
## 有時要放下對他人的執著

　　就算我們選擇了中立型關係，將人際關係維持在居中狀態，依然不可能消除所有壓力。

**「該不該轉變成收斂型關係？」**

**「該不該轉變成發散型關係？」**

我們肯定還是會為此猶豫不決。


　　因此，我希望各位都能認識佛教中關於接受現實、超越執著的思想，可做為我們在迷惘和徬徨時的精神支柱。

　　淨土真宗證願寺的春日了住持告訴我，日文的「諦める」一詞在佛教中的意思是**「認清真實」**，用來表示覺悟的境界。

　　強大到能夠放下別人對自己的誤解，並告訴自己「對方總有一天也會懂」的人並不多。

　　不過，有些人確實做得到，甚至能在放下的這段時間忘卻「遭受誤解」的痛苦。


　　要達到這個境界並不簡單，而佛教的思想可以幫助我們放下人際關係帶來的痛苦。

　　我們的所有痛苦，都是由自己的心所創造出的幻影。

憤怒和悲傷也是自己心中的變化。我們經常任意地曲解某件事實，然後為了這個結果感到高興或沮喪。

**「應該這樣。」**

**「那個想法是錯誤的。」**

**「大家都誤解我了。」**

這些想法全部都是自己的心創造出來的。

只要我們內心深處的思維或價值觀仍被偏見、成見和自私的想法等束縛著，現實就不會如我們所願。

以佛教用語來說，一切都是「無常」。

對於理想抱持愈高的期待，與現實有所落差時就會愈煩惱。

因此，能做到放下的人才是真正達到覺悟境界的人。

佛教告訴我們必須捨棄所有成見，心中也不應被欲望所束縛。

哪怕只有一瞬間，請試著拋開自己的理想和自尊，根據現實的情況去調整自己的心態。

不再認為**「為什麼事事都不如意」**，而是覺得**「這樣已經足夠了，我已經心滿意」**，將自己的心態調整到與現實相符的效果會更好。

每當遇到很重要的問題時，我就會花3天的時間放下一切，將自己的理想及欲望縮減到最小，並停止思考。

　　然後，我會在心裡這麼告訴自己：

　　**「我不是多麼了不起的人，就算被人誤解或不被理解，給我帶來了不利跟不便，但只要想著那就是我人生的一部份，不就好了嗎？」**

　　這樣一來，我就會完全放鬆下來，暫時接受無常的現實，達觀地認為事與願違也是理所當然的事。

　　如此一來，心中的憤怒和不安就會消退，心情也會變得輕鬆。

　　當然，我並不是真的放棄，而是透過暫時的放下來控制情緒。

　　這可以說是「小悟的境界」，讓我們能冷靜思考為何別人無法理解自己。

　　只要擺脫了煩躁和焦慮，恢復冷靜，我們自然就能順利想出解決對策。

# 第 7 章

# 能「創造結果」的
## 思考習慣

## 要表達「自己的意見」，
## 即使說錯也無妨

　　在前面的章節中，我透過舉例的方式具體說明養成思考習慣可以解決哪些問題。

　　現在只剩下最後一個關鍵。

　　那就是「願不願意行動」。

　　**假如不付諸行動，就算頭腦已經有了一些想法，也跟毫無想法沒兩樣。**

　　這本書好不容易到了你的手中，但要是你什麼都不做的話，就是白白浪費這個機會。

　　這是身為作者的我最不願意看到的事，所以在這個章節裡，我會提供一些實際的建議，幫助各位發揮思考體力並付諸行動。

　　我希望你能從今天開始全力發揮「自我驅動力」，積極表達。

　　在這個時代，社群網路已成為日常生活的一部分。

　　或許你早就開始使用 X（Twitter）、Facebook、Instagram 等社群網路或是個人部落格。

　　現在，也有愈來愈多人上傳各式各樣的影音。

這樣的趨勢本身是很好的，但問題在於這些影音也好文字也好，到底**「要傳達什麼」**。

這裡說的「全力發揮自我驅動力，積極表達」也就是「表達自己」，指的是表達出能讓他人給予反饋的個人意見。

**「我肚子餓了。」**

**「○○的拉麵很好吃。」**

諸如此類的日記式隨筆沒辦法形成意見交換，意義不大。

但如果像是**「我認為應該這樣做，理由是⋯⋯」**的意見，就有機會引發他人對我們觀點的反思和討論，這樣的互動不僅能幫助我們更清晰地認識自己觀點的立場，也能客觀地去看待自己意見在這個社群中的共鳴程度。

此外，如果我們表達的知識或意見有誤，這樣的討論也提供了一個寶貴的機會，讓他人能指出我們觀點中的錯誤或不足之處，是讓我們修正個人想法並獲得成長的好機會。

假如你還不太敢在社群網路或部落格上表達自己對時事議題的看法，不妨先從和朋友進行深入討論開始，這樣可以讓你在更輕鬆的環境中整理思緒，並增強發聲的信心。

規定自己定期與別人討論時事議題是一件很好的事，因為這樣不僅能明確自己的意見，還能拓展視野，了解到各種不同的觀點與思維方式。

除此之外，若是能夠練習在公司開會時發表一次意見也是個很好的開始。

　　隨著發表意見的次數增加，得到的反饋也會愈來愈多，我們要發揮「通觀全局力」縱觀尋常的知識，並以「存疑思考力」去確認對方的意見有何根據。

　　此外，還需要運用「微分思考力」去思考自己的意見錯在哪個部分。

　　反覆這個過程以後，我們的思考體力就會得到鍛鍊，想法偏頗或有誤的情況便會愈來愈少。

　　相反地，如果我們不發表任何意見，就無法知道自己的意見和想法是否正確，也無法建立自信與獲得成長。

　　日本的學校教育強調集體行動，在以「和」為尊社會中長大的日本人很不擅長主張自己的意見。

　　但是，我希望各位不要誤會一件事，那就是「不主張的人」並不等於「協調能力強的人」。

　　**自己的發言可能會被別人反駁、意見或想法有錯的話可能會出糗、不希望自己的發言破壞氣氛……**

　　有些人可能會有這樣的想法。

　　不過，既然別人是別人，我們是我們，意見不一致也是理所當

然的。

即使是最親近的親子或夫妻也有意見不合的時候，所以跟別人意見紛歧也是很正常的事。

不接納這麼理所當然的事，反而讓自己忐忑不安，以致錯失藉由自我表達獲得成長的機會，不是人生中最可惜的一件事嗎？

很多人都誤以為「主張個人想法」就是在挑起紛爭或是破壞和諧。

然而，真正優秀的人往往能在清楚表達個人意見的同時，也維持整體的和諧。

假如有個人的發言真的破壞了和諧，大部分都是因為此人的性格（例如：容易情緒激動、常批評別人、常說別人壞話）所致。

其實，我以前也對自己的判斷沒有自信。

但是，不管我再怎麼沒自信，還是會表達我的意見。

回顧過去，我覺得自己說錯話的次數可能還比較多。但即便如此，我還是不害怕說錯話，繼續表達意見，所以我才有機會去梳理自己的想法及研究內容，並且找到真心認同我的合作夥伴和朋友。

有些人害怕說錯話就不去表達自己的想法，但不管是什麼事物，肯定都有人認同也有人反對，每個人的意見不同是理所當然的，不必要求所有人都接受。

表達意見的好處在於可以獲得他人的反饋，所以我們反而應該

多聽聽反對意見，看清事物的本質。

有些人只會說些無關痛癢的話，沒有自己的想法或主張。這樣的人乍看之下是好人，實際卻是「存在感薄弱的人」。

請記得，不能主張個人想法的人是無法成長的。

## 在持續思考之前「先試著做做看」

即使靠著「自我驅動力」確定自己想做的事，也可能因為開始發揮「多階思考力」而在思考時遇到瓶頸。

遇到這種情況時，先別繼續想之後的事情，試著採取「先試著做做看」的行動，讓思考有跳躍的空間。

例如：怎樣都找不出答案，腦袋已經呈現一片空白時，還是試著對自己這樣說：

「這個問題的答案是○○。」
「這個問題可以這樣解決。」
「我知道答案了。其實就是這樣。」

總之就是先開始跟自己說話，就像是自己對自己說出答案一樣。

然後再針對這些**「先試著做做看」**的內容，進一步表達自己的意見。

「不對，這個答案不對。我的想法才是對的吧？」

**「會不會還有其他解決方法？」**

有趣的是這麼一來，我們就會開始給自己反饋，然後一步一步找到解決辦法。

也可以試著開口說出自己目前為止的思考過程。

這個方式也會很神奇地讓我們得到接下來的答案，很值得一試。


有的人在開會時可能還沒整理好自己的想法就開口，結果就被旁人指責，要他**「想清楚再開口表達意見」**。不過，這樣做並不是壞事，被指責也不用太在意。

我在大學開會時，也遇過這樣的人。

他們一開始都像是在喃喃自語似的，一邊講一邊整理自己的想法，最後才總結出很不錯的判斷或想法。


搞笑藝人或是評論家也是這樣，很多人都是「先開口」再開始去思考話題的走向。

寫文章也是一樣。

不是等到有了想法才開始寫，而是在寫出文字的過程中慢慢有了想法，也就是透過書寫來梳理腦袋的思緒。

所以，遇到思考的瓶頸時，重要的是擁有**「反正先開口說說看就對了」**、**「反正先寫寫看就對了」**的心態。

「立刻去做做看」的人都是邊做邊思考。

就以書店的店員Ａ和店員Ｂ為例，說明能做到這一點的人和做不到這一點的人之間的差別。

店員Ａ和店員Ｂ當書店店員的資歷都差不多，店長要求他們賣出某一本書。

店員Ａ和店員Ｂ分別採取了以下行動：

【店員Ａ】

・做手寫POP展示卡，向顧客傳達書的魅力。

・向店長詢問能否在書店的部落格或社群平台上做書籍介紹，希望吸引更多網購族群。

・做其他POP展示卡，比較哪一個更有吸引效果。

【店員Ｂ】

・把書籍放在顯眼的地方，等待顧客購買。

・在店長要求以後才開始做POP展示卡。

・擔心提出意見會被認為是多管閒事，所以保持沉默，靜觀其變。

這樣比較下來，你認為誰能賣出更多書呢？

顯然店員Ａ能賣出更多的書。

店員Ａ不只自製手寫POP板，還找店長討論能否在網路上做書

籍介紹，並且比較不同的手寫POP板效果等等，積極地改善自己的行動。

想到就立刻採取行動，失敗再思考下一步。店員A是具備**「自我驅動」**力的人，一切行動都是主動積極的。

店員A還具備思考下一步該做什麼的「多階思考力」，以及想到在網路上宣傳的「跳躍思考力」、比較POP展示板的「區分判斷力」。

而店員B則屬於**「他人驅動」**的人，行動完全是被動的，一定要等到別人說了才會有所行動。

像店員B這樣的人或許也具備思考體力，但他們不主動出擊，從那一刻起就跟不具備思考體力的人沒兩樣。

在能力差異不大的情況下，具備主動性、不懼怕失敗，而且「敢先嘗試」的人，一定更能夠創造出成果，並且獲得成長。

## 「大膽行動」是邁向成功的第一步

日文有句諺語叫做「敲過石橋再過橋」，指的是凡事小心謹慎、步步為營。謹言慎行絕對不是一件壞事。

不過，若是謹慎過頭，結果把橋給敲壞了，那就無法再繼續往前進了。

許多成功的人都擁有「膽大心細」的個性。

例如：創立京瓷集團和日本電信公司第二電電（現KDDI）的稻盛和夫說：**「只有兼具大膽和細心，才能完成完美的工作。」**

「多階思考力」、「存疑思考力」及「微分思考力」固然重要，但如果已經思考到一定的滿意程度以後，接下來就是要相信自己是對的，並且付諸行動。

就算再怎麼小心謹慎，也很難達到百分之百的安全和安心。

大膽的行動雖然伴隨一些風險，也讓人稍感不安，卻能帶來進一步的突破與發展，讓自己離成功更近一步。

若因害怕承擔風險就什麼都不做，最後還是要面臨比採取行動更大的風險。

比起歐美人，日本人更害怕風險而不敢行動。

如果**「不知道會怎樣就不要做」**是日本人的想法，那麼荷蘭人則恰好相反，**「正因為不知道，所以試試看再說」**正是他們的想法。

同樣都是歐美人，相對小心謹慎的德國人就跟日本人比較像。

因為這樣，我也聽說歐洲國家如果要嘗試一些新事物時，最先採取行動的都是荷蘭人，而德國人則要看過別人做的成果以後，才決定要不要跟進。


例如：高速公路通行費以里程計算收費的制度最早就是由荷蘭開始試辦。

高速公路的通行費通常都是在通過收費站時進行收費，而這個制度則是透過在每輛車上安裝GPS，再根據其行駛距離計算通行費用。

當其他國家還在觀望時，荷蘭已經在準備試辦這個制度。

荷蘭最後好像沒有實施里程收費制度，但周邊的其他國家都是在看到荷蘭的成果以後才決定是否實施。


日本在考慮推行的「共享空間（Shared Space）」最初也是由荷蘭開始實行的。

共享空間的概念是基於大家共同使用道路空間的理念，旨在確保城市交通的安全及流暢。

共享空間的做法是拆除路上所有的紅綠燈以及道路標誌，讓車輛和行人都能自由移動。

乍看之下好像更加危險，因為完全沒有紅綠燈的提醒可能會讓許多路口都發生車禍。不過，實際推行共享空間以後，發現路上的交通事故真的減少了。

正因為沒有紅綠燈和道路標，駕駛人就不會危險地高速行駛。駕駛人變得更加謹慎，也就減少交通事故。

提出這個構想的人當然早就料想到這一點，但實際推動的效果還是要真正做過會才知道。

這個實例恰恰為我們展示了採取行動的重要性。

在荷蘭的率先行動之下，「共享空間」的概念也開始普及到歐洲各國、美國和大洋洲。

日本的山口縣防府市也在 2019 年 9 月完成了採用「共享空間」概念的道路空間。

多虧有了荷蘭的「大膽行動」，世人才能見識到「共享空間」的成功，並讓這個能減少交通事故的突破性想法推廣到全世界。

比起「存疑思考力」，大膽付諸行動更需要的是「相信的力量」。

即使失敗也無妨，只要再思考下一步就好。

無論結果如何，繼續向前進是毫無疑問的。

## 讓「努力」與「目標」的方向保持一致

世上最痛苦的事情莫過於努力卻得不到回報。

即使擁有「自我驅動力」，努力還是得不到回報，這樣的人可能就是因為努力的方向與目標不一致。

此時，需要發揮「存疑思考力」分析原因。

**「我這麼努力，為什麼還是行不通？」**

**「難道是我的選擇錯了嗎？」**

若要檢驗錯誤原因，我們就需要建立假設、嘗試、審視結果並且予以調整，重複進行這個「反饋」過程。

假設你有想做的事情，並運用「多階思考力」一步步朝著目標前進。

計劃未必都會按照預期進行，因此我們必須不斷修正路線，直到抵達目標所在的位置。

**「哪裡出了錯？」**

**「哪個選擇才是對的？」**

這時就要回溯努力和目標方向產生偏離的原因，並思考應該如何判斷。

如果可以重新挑戰，就再試試自己認為合適的其他方法，並在觀察結果的同時進行調整。

這種「反饋」工作主要講求「適應能力」。

適應能力就是「調整自己以適應周圍的條件和環境」。

也就是說，我們要質疑自己而不是周圍的人，以客觀的角度思考：**「現在的我所處的環境需要怎樣的行動？」「我需要做到什麼？」**並採取適當行動。

人往往嚴以待人，寬以律己。

我們有時就會產生**「我都這麼努力了，還得不到認可」、「我的努力得不到回報都是因為某某的錯」**等抱怨，將責任推給他人。

然而，很多時候**只要仔細想想，就會發現其實原因都是出在自己身上。**

因此，當「努力」與「目標」的方向不一致時，首先質疑的應該是「自己的思維」。

我曾採訪「經營超過200年的老店」或「長壽企業」，然後發現他們都有一些共通點。

其中一個共通點就是他們「一定有經典商品」。

這些店家或企業傳承多年的「獨家」人氣商品成為了絕對的品牌力量。

不只如此，長壽企業還會「順應時代的需求，不斷地微調」他們的招牌商品。

例如：日清食品的「杯麵」就是如此。

這款走過半個多世紀的經典商品一直深受大眾喜愛，日清仍順應時代需求，不斷調整調味料和配料形狀等。

哪怕日清杯麵已是老中青通吃的人氣商品，日清食品也沒有頑固地因循守舊，還是靈活柔軟地「適應」時代改變。

根據帝國數據銀行的資料，日本企業的平均壽命為37.48年。也就是說，經營38年以上的公司都是具有超高適應能力的公司。

尤其是現在這個時代瞬息萬變，有可能1、2年前被認為是正確的觀念已經被推翻了。

不只企業或商家，整個社會也都需要不斷地確認以及修正方向。

對自己正在做的事產生一絲猜疑或覺得方向偏離時，甚至是覺得一切都很順利無礙時，都可以問問自己：**「現在這樣做真的沒問題嗎？」**

想要確認「努力」與「目標」方向是否一致，最簡單的方法就是看**壓力的程度**。

假如工作很辛苦以致經常抱怨、不滿，或覺得身心狀況不佳，那麼努力的方向很可能已經偏離目標的方向。

　　相反地，如果覺得工作很快樂，就不會因為壓力造成身心不適。


　　即使努力的方向未偏離目標的方向，在這個瞬息萬變的時代裡，也必須不斷地確認自己「努力」的內容。

　　我也會在各個人生時期挑戰一些新事物，像是50歲才開始學合氣道。最近，我終於又投入新研究。

　　我希望你也能每隔幾年就學習一些新技能、展開新的工作或是找到新的樂趣等等，不斷地讓自己更新。


　　只是，再流行的事物總有一天也會退流行，如果只是隨波逐浪，一味追求流行，有可能就會迷失方向，並在意想不到的地方觸礁。

　　請千萬不要迷失自己的目標，才不會輕易隨波逐流。

## 找到你的夥伴，
## 不擅長的事就「交給別人做」

**「如果不能成功要怎麼辦？」「我沒有信心能做到。」**不能付諸行動的人，想法都比較悲觀、消極。

但若是能將這份謹慎視為自己的武器，就跟「多階思考力」和「存疑思考力」等思考體力一樣，就能轉變為更積極樂觀的心態。剩下的就是付諸行動而已。

我曾受邀參加一場研究生的聚會，請我為這群目標成為研究員的研究生進行演講。

那時，我對這群學生說的也是**「要積極與樂觀」**。

從事研究的人一定要具備「質疑」的能力。

只是，有不少的研究者都因為「存疑思考力」太強，而開始**質疑自己是否具備研究者的資質**，失去了自信心，最後放棄了研究。

所謂的研究，就是與這種自我懷疑進行戰鬥的過程。能夠找到新的發現，創造出豐碩成果的人，往往都是能夠克服這些懷疑的想法並保持積極樂觀心態的人。

也就是說，我們必須抱持同等程度的懷疑及樂觀心態，並相信

自己的才能，才能夠提升自我並獲得成功。

變得樂觀積極就更容易承受風險。

要承擔的風險愈多，遭遇失敗的機率就愈高，不過失敗對你來說並不是一件壞事，反而能讓你帶來進步。

一直待在安全地帶只會讓人停滯不前。

相反地，就算勇敢向前衝會跌倒，但只要養成思考習慣就沒關係。

最後，應該盡力發揮「相信的力量」並付諸行動，再從這些經驗中不斷思考，不斷地向前進。

**人都想實現自己的夢想，但要實現夢想就必須做自己不擅長的事情，所以就會讓人猶豫不決。**

有的人可能就會因此無法邁出第一步。

發現有自己做不到的事情時，就交給別人來做吧。

若有自己不擅長或沒信心做好的事，交給擅長做的人才會更有效率。

我尊敬的德國經濟學家修馬克（E. F. Schumacher）也極力強調把事情分給別人做的重要性。

尤其是上位者容易對下位者施壓，而長期持續這種狀態的組織最後則會分崩離析。

要分配哪些工作以及分配多少工作，取決於分配者的衡量能力

與判斷能力。

尤其是當雙方存在著上下級關係時，通常上司就會懷疑下屬的能力，認為自己會做得比下屬還要好。

然而，只有相信對方，讓對方去做，自己才會有更多時間。

對於忙碌的現代人來說，時間就是最重要的。

把所有事情都攬在自己身上的話，只會讓自己忙到沒有時間，更不用說要增加了，甚至會無法靜下來持續思考。

即使是能力再優秀的人，也不可能獨自一人完成所有想做的事。

付諸行動時若覺得無法獨自一人完成的話，就應該發揮「跳躍思考力」，果斷交給別人來做，而不是放棄。

假如能夠做到這一點的話，一定可以獲得更大的成功。

現代社會的課題是複合性的，就拿環境問題來說，其中便包含：自然保護、糧食問題、全球暖化等等。

從前的社會極為重視可以深入探究單一問題並且具有專業思維的人，然而當今社會需要的不只是這樣。

如今，我們所需要的是具有複合性思維的人才，要能夠隨機應變各種錯綜複雜的問題。

複合性思維指的其實就是「思考體力」。

要將自己的想法付諸行動時，也需要能夠應付複雜問題的行動力。

因此，**我們需要找到能一起戰鬥或合作的夥伴**。

· 若想找到夥伴，就要不斷學習感興趣的主題。
· 不要關在自己的世界裡，要多外出與人交流。

建立起各式各樣的人際關係，才會有來自各種不同的價值觀以及思維的刺激，有助於我們養成思考習慣。

「思考力」是人人平等具備的能力。

卻沒有人會教我們如何使用它。

我在東大求學時常因為周圍都是天才而感到自卑，不過幸好後來發現了這個盲點，才得以開拓自己的人生。

透過鍛鍊「思考體力」讓我養成「思考習慣」，並助我克服了各種困難。

只是，放眼四周，似乎還是有很多人不知道如何運用思考力。

尤其是在2020年爆發新冠疫情時，能夠持續思考的人和不能持續思考的人之間的差距變得更明顯了。

你會將疫情造成的這段空白時期當成危機還是轉機？

具備思考習慣的人以及不具備思考習慣的人從疫情爆發的一開始就已經出現了差距。

當至今為止的常識或理所當然的事都崩壞時，你會覺得「自己走上窮途末路」還是覺得這是「邁向新開始的好機會」呢？

已經讀到這裡的你肯定是抱持後者的想法吧。

說不定有的人早已摩拳擦掌，想要創造出一個新的開始。

14世紀席捲全世界的黑死病是人類歷史上最嚴重的瘟疫，據說導致歐洲約三分之一的人口死亡。

那時，還是大學生的牛頓就是在大學停課2年的期間，發現了「萬有引力定律」。

若不是黑死病的流行，或許「萬有引力定律」就不會在那個時代被發現，還要到之後的未來才會被人發現。

每當出現危機時，就會有新的事物誕生，時代的潮流也會改變。

人類的歷史可以說是在破壞與重生中不斷發展。

當社會發生巨變時，正是重新審視一切的絕佳機會。

關鍵字是「重新定義」。

重新去審視現在的商業模式、人生規劃、人際關係以及自己，並重新定義這一切，肯定會有新發現。

當社會發生天翻地覆的變化時，運用「區分判斷力」為自己增加選擇也很重要，如此才能應對意想不到的事情。

未來的日本也會跟歐美國家一樣採用「工作型雇用」，這個趨勢的迅速發展是無庸置疑的。

屆時，自己具備什麼樣的專長或技能、擁有哪些證照和經驗，

將會比學歷和年齡來得更重要。

我也開始放眼5年、10年後的未來,打算開創新的研究領域,所以這陣子已經讀了3本厚重的專業書籍。

若想開創新的事物,也需要先學習新知識。

請你也一定要思考以下這幾件事:

・哪個領域有哪些機會的種子?
・今後的社會有哪些亟待解決的課題?
・自己有哪些能幫助他人的事情?
・今後的社會需要什麼樣的技能?
・自己的「賣點」是什麼?

只要運用你的「自我驅動力」、「多階思考力」、「存疑思考力」、「通觀全局力」、「區分判斷力」、「跳躍思考力」以及「微分思考力」,自然會明白自己該做什麼。

只要能夠養成運用思考體力持續思考的思考習慣,這就是你最強的武器。

希望你能有自信地享受時代轉變,擁有更精采豐富的人生。

本書是根據2011年出版的《東大人気教授が教える 思考体力を鍛える（東大人氣教授教你 鍛鍊思考體力，暫譯）》
進行大幅增寫、修改，並以全新的書名出版。

**作者簡介**

# 西成活裕

1967年生於東京，修畢東京大學研究所工學系研究科博士課程，取得博士（工學）學位。先後任教於山形大學、龍谷大學、德國科隆大學理論物理學研究所，現為東京大學尖端科學技術研究中心教授，同時擔任特定非營利活動法人日本國際減少虛耗學會會長、MUJICOLOGY！研究所所長等職務。專長為數學物理學，提倡跨領域研究各種壅塞問題的「壅塞學」，其著作《壅塞學》獲頒講談社科學出版獎等獎項。2007年獲選JST日本科學技術振興機構研究員、2010年獲選日本內閣府創新國際共同研究座長、文部科學省「對科學技術有卓越貢獻者2013」，並擔任日本奧林匹克組織委員會顧問。於日本經濟報紙專欄「明日的話題」連載文章，多次於日本電視台節目「全世界最想上的課」亮相，活躍於電視、報紙、廣播等媒體。近期著作為《真希望高中數學這樣教》、《真希望國中數學這樣教》（美藝學苑社）等等。

東大教授の考え続ける力がつく 思考習慣
TOUDAI KYOUJU NO KANGAETSUDUKERUCHIKARA GA TSUKU SHIKOUSHUUKAN
by Katsuhiro Nishinari 2021
Copyright © Katsuhiro Nishinari 2021
Illustrated by Yuichiro Honda
All rights reserved.
Originally published in Japan by ASA Publishing Co., Ltd.,
Chinese (in traditional character only) translation rights arranged with
ASA Publishing Co., Ltd., through CREEK & RIVER Co., Ltd.

# 思考習慣
## 提升思考力的七大策略

出　　　　版／楓書坊文化出版社
地　　　　址／新北市板橋區信義路163巷3號10樓
郵 政 劃 撥／19907596　楓書坊文化出版社
網　　　　址／www.maplebook.com.tw
電　　　　話／02-2957-6096
傳　　　　真／02-2957-6435
作　　　　者／西成活裕
翻　　　　譯／胡毓華
責 任 編 輯／吳婕妤
內 文 排 版／洪浩剛
港 澳 經 銷／泛華發行代理有限公司
定　　　　價／380元
出 版 日 期／2025年2月

國家圖書館出版品預行編目資料

思考習慣：提升思考力的七大策略／西成活裕
作；胡毓華譯. -- 初版. -- 新北市：楓書坊文化
出版社, 2025.2　面；　公分

ISBN 978-626-7548-46-2（平裝）

1. 思考 2. 思維方法

176.4　　　　　　　　　　　　　　113019915